Daniel Romić

Zinsen

Daniel Romić

Zinsen

Entstehungsursachen, Verbotsgrundlagen, Rechtfertigungen

Tectum Verlag

Daniel Romić

Zinsen.
Entstehungsursachen, Verbotsgrundlagen, Rechtfertigungen
ISBN: 978-3-8288-9915-5
Umschlaggestaltung: Tanja Walbrunn

Besuchen Sie uns im Internet
www.tectum-verlag.de

Bibliografische Informationen der Deutschen Nationalbibliothek
Die Deutsche Nationalbibliothek verzeichnet diese Publikation in der Deutschen Nationalbibliografie; detaillierte bibliografische Angaben sind im Internet über http://dnb.ddb.de abrufbar.

— für Katrin —

Inhaltsverzeichnis

1. Einleitung

Zinsen haben heute als Alltagstermini ihre stärkste Konnotation einer rein kapitalistischen respektive marktwirtschaftlichen Errungenschaft und ihre Existenz und Anwendung werden gegenwärtig – zumindest in christlich geprägten Gesellschaften – als gegebene, nicht hinterfragbare und weitgehend akzeptierte Tatsache empfunden. Obgleich die Zinsnahme zu allen Zeiten und in allen Kulturkreisen verdammt, geächtet und verboten wurde, konnte sie sich dennoch als „Preis für die zeitweise Überlassung von Kapital bzw. Geld“[1], allgemeiner eines Vermögensgutes, in jeder Gesellschaft auf die eine oder andere Weise effektiv durchsetzen. Über Jahrtausende hinweg wurde gegen die Praktik des Zinsnehmens mit unterschiedlichen Argumenten vorgegangen; in der christlichen Theologie zum Beispiel waren *Zins* und *Wucher* die kontroversesten und schwierigsten Thematiken eines langen Zeitraumes zwischen dem 12. und 19. Jahrhundert.[2] Obwohl in allen drei monotheistischen Weltreligionen - Judentum, Christentum und Islam- ein ethisch-religiöses Zinsverbot in den jeweiligen heiligen Schriften kodifiziert wurde, hat nur die letztgenannte Religion, der Islam, diese Dogmatik des Verbotes bis heute mehr oder minder stringent auch in praxi beibehalten.

Im Folgenden wird das Phänomen *Zins* aus drei verschiedenen Gesichtspunkten – ökonomisch, philosophisch und dogmatisch – betrachtet und die argumentativen Fundamente dieser Aspekte in Relation gesetzt. Dabei wird unter dem Phänomen Zins erst einmal der abstrakte Sachverhalt verstanden, dass eine Person G (Gläubiger) einer anderen Person S (Schuldner) ein X (Menge) für eine bestimmte Zeitspanne Y überlässt und nach dem Ablauf dieser Zeit G von S eine Menge X* (mit X*>X) zurückverlangt. Von dieser Definition ausgehend wird danach gefragt, warum der Gläubiger das: a) *will* b) *kann* c) *darf*. Die Antwort auf alle drei Modalverben führt zugleich zur Beantwortung der im Titel dieser Arbeit pointierten Sachverhalte, die den Fokus dieser Arbeit bilden: die Ursache des Zinses sowie die Gründe und die Struktur seiner Verbote.

Der im ersten Teil dieser Arbeit dargestellte Abriss der *ökonomischen* Theorien, welche die der Zinspraxis zugrundeliegenden *immanenten ökonomischen* Ursachen und die daraus resultierende Notwendigkeit des Zinses darzustellen versuchen, wird als eine kurze Übersicht über das prominente „Chaos der Zins-

1) Gabler Wirtschaftslexikon. 1997, S.4527.
2) Le Goff: *Wucherzins und Höllenqualen. Ökonomie und Religion im Mittelalter.* 1988, S.7.

theorien"[3] verstanden, um in der nachfolgenden Synopse Kritik und den Versuch einer inhaltlichen Systematisierung der Theorien vorzunehmen. Der mangelnden Aufklärung und Analyse der sich ab dem 18. Jahrhundert entwickelnden Theorien über die Ursachen des Zinses wird im Kapitel über die Eigentumsprämie entgegengewirkt. In diesem Kapitel wird, im Gegensatz zu den vorangegangenen Theorien, der historisch-theoretische Aspekt des Zinses berücksichtigt und somit nicht nur die Ursache, sondern vor allem auch die adäquate Funktionsweise desselben aufgezeigt.

Der zweite Teil der Arbeit richtet den Blick auf die Geschichte der philosophischen Ablehnungen des Zinses, welche allem voran von Platon und Aristoteles initiiert wurden. Dabei wird sich die Analyse auf die zwei erwähnten Persönlichkeiten beschränken. Eine grundlegende Kenntnis der Arbeiten von Platon und Aristoteles ist dem leichteren Verständnis dieser Kapitel zwar zuträglich, jedoch nicht unbedingt als erforderlich vorauszusetzen.[4] Die Notwendigkeit, die Ansicht dieser Philosophen zum Thema Zins zu analysieren, besteht einerseits darin, dass ihre Schriften in eine Zeit fallen (ca. 4. Jahrhundert v. Chr.), als das Phänomen relativ gesehen neu, aber in seiner Anwendungsfrequenz bereits hoch war und die daraus entspringenden sozialen Folgen erstmals sichtbar wurden. Andererseits ist die Argumentation der Philosophen deshalb von Interesse, weil sich ihre ablehnenden Ansichten und Einstellungen nicht auf ein religiöses, metaphysisches Dogma stützen, sondern quasi analytisch-positivistisch aus den beobachtbaren Tatsachen abgeleitet werden. Dadurch wird ihre Argumentation einen immensen Einfluss auf die Ansichten der Scholastiker und mithin auch des ganzen Mittelalters zur Thematik des Zinses haben.

Der dritte Teil der Arbeit richtet den Blick auf die religiös-dogmatischen Verbote des Zinses und die Umgehungsstrategien der Verbote. Dabei wird sich die Analyse auf die zwei monotheistischen Religionen Judentum und Christentum beschränken. Für die Beschränkung auf diese beiden Konfessionen sprechen zwei Gründe. Erstens bilden diese bezüglich der Zinsverbote ein Kontinuum, womit die Einbeziehung der dritten großen monotheistischen Religion des Islams einen systematischen Bruch bedeuten würde. Zweitens ist der Fokus dieser Arbeit nicht auf den Vergleich dreier religiöser Verbotsbestimmungen gerichtet, sondern ist vielmehr an einer Synthese drei verschiedener Gesichtspunkte der Zinsproblematik interessiert. Einen dieser Gesichtspunkte bildet die jüdisch-

3) Lutz, Friedrich: *Zinstheorie*. 1967, S.9.

4) Im einzelnen sind dies Platons Schriften *Politea* und *Nomoi* und Aristoteles Werke *Politik* und *Nikomachische Ethik*.

christliche Verbotsbestimmung.[5] Dabei wird hier keine detaillierte, historisch-deskriptive Ansatzweise bemüht, sondern vielmehr dezidiert die Aspekte der moralisch-ethischen Ablehnung aufgezeigt, welche als Ursachen der Verbote und gleichzeitige Gründe ihrer Nichteinhaltung verstanden werden.

Bei der vorliegenden Arbeit steht somit die Darstellung der Ganzheitlichkeit des Phänomens im Vordergrund. Determiniert durch den Umfang der Problematik kann diese Arbeit zwar nur bedingt kritisch sein, wird aber an Stellen, wo dies angebracht erscheint, Ausflüge in eigenständige theoretische Gedanken, Synthesen und Erkenntniserweiterungen vornehmen. Bei einem solch kontroversen Thema muss dabei einleitend erwähnt werden, dass diese Arbeit eine theoretische Auseinandersetzung mit dem Phänomen *Zins* darstellt und sie deshalb, so gut dies möglich, frei von Werturteilen und ideologischen Präferenzen zu lesen ist.

2. Die ökonomischen Theorien des Zinses

Obwohl sich die Auseinandersetzung mit dem Zins mehr oder minder konstant durch die Menschheitsgeschichte zieht, wird die erste differenzierte, der ökonomischen *Ursache* des Zinses nachgehende Theorie erst spät datiert. Eine Vorstufe zu solch einer ökonomischen Theorie des Zinses wird teilweise schon der Scholastik unterstellt, welche als erste ein kohärentes und weitreichendes Gedankengebäude bezüglich ökonomischer Aktivitäten, des Geldes und des Zinses aufgestellt hat.[6] Die ersten *echten* Theorien hinsichtlich der Hinterfragung der Ursachen dieses Phänomens sind in den Klassikern der Ökonomie von Turgot, Adam Smith und Ricardo zu finden.[7] Allerdings hat diese The-

5) Dies heißt jedoch nicht, dass die Einbeziehung des Islams zu anderen Ergebnissen führt. Vielmehr kann behauptet werden, dass die Sicht auf den Islam die Ergebnisse dieser Arbeit bestätigt. Zum Zins im Islam siehe: Choudhury, Masudul: *Money in Islam. A study in Islamic political economy.* London, 1997, auch Lohlker, Rüdiger: *Das islamische Recht im Wandel. Riba, Zins und Wucher in Vergangenheit und Gegenwart.* Münster, 1999.

6) Vgl. Noonan, John T. Jr.: *The Scholastic Analysis of Usury*. 1957, S.2.

7) Der Versuch, eine Theorie im Vergleich zu einer anderen als echt auszulegen, ist ein weitgehend subjektives Unterfangen. Freilich wurden auch schon vor den Klassikern Überlegungen bezüglich ökonomischer Probleme getätigt, welche als theoretisch im weiteren Sinne zu verstehen sind. In einem engeren Sinne können diese Überlegungen nur als theoretische Ansätze beziehungsweise theoretische Intuitionen eines bestimmten ökonomischen Sachverhaltes verstanden werden. Um als eine ökonomische Theorie zur Geltung zu kommen, fehlt diesen die hinreichende analytische Durchdringung des Problems. Dennoch sind die Unterschiede zwischen einer Theorie und einem bloßen Ansatz fließend.

matik seit den Pionierschriften einen immensen Schaffensdrang erzeugt – wie zuvor erwähnt spricht die Literatur auch vom „Chaos der Zinstheorien“,[8] weshalb hier selektiv nur die Literatur dominierende Hypothesen vorgestellt werden, welche ihre Vorgänger und die erwähnten Klassiker dieser Thematik in ihre Kernaussagen miteinbezogen haben. Im einzelnen sind dies die folgenden, chronologisch nach ihrem historischen Auftreten gegliederten Theorien:[9]

1. Produktivitätstheorie
2. Nutzungstheorie
1. Arbeitstheorien
2. Abstinenztheorie
3. Ausbeutungstheorie
4. Neoklassische Zinstheorie
5. Liquiditätspräferenztheorie (John Maynard Keynes[10])
6. Theorie der Eigentumsprämie (Heinsohn/Stegier[11])

Besonderes Interesse verdient hier die letztgenannte Theorie der Eigentumsprämie, welche nicht nur die ökonomische Ursache des Zinsnehmens beschreibt, sondern im Gegensatz zu den vorangegangenen auch eine notwendige Brücke zum historischen Zeitpunkt und den Gesellschaftsprozessen der Entstehung der Institution des *Eigentums* schlägt. Deshalb wird ihr und ihren Implikationen ein gesondertes Kapitel gewidmet. Alle anderen Versuche, sowohl die sozioökonomischen Ursachen als auch die ethisch-moralische Abneigung gegen das Phänomen *Zins* zu erfassen, verfallen einem Kategoriefehler beziehungsweise einer unzulänglichen Begriffsdifferenzierung und damit einhergehender inhaltlicher Zerstreuung. Die Darstellungen, die zu besagter Konfusion führen, haben die Schwäche, dass sie die Ökonomie in einer mechanistisch-technischen Art als eine eigene Entität annehmen und sie nicht als Summe der Interaktionen zwischen verschiedenen sozialen und ethischen Wesen verstehen, die mit ihrer Komplexität die Art und Weise der ökonomischen Handlungen beeinflussen.

---

8) Lutz, 1967, S.9.

9) Vgl. Kronstein, Rudolf: *Kleine Geschichte der Zinstheorie.* 1951, S.17. Zu den fünf erstgenannten ausführlich: Böhm-Bawerk, Eugen von: *Geschichte und Kritik der Kapitalzinstheorien.* Jena, 1921.

10) Vgl. Keynes, John Maynard: *Allgemeine Theorie der Beschäftigung, des Zinses und des Geldes.* Berlin, 2002, insbesondere Kapitel 13.

11) Vgl. Heinsohn, Gunnar/Steiger, Otto: *Eigentum, Zins und Geld. Ungelöste Rätsel der Wirtschaftswissenschaft.* Marburg, 2006.

2.1. Die Produktivitätstheorie

Bis zum Ende des 19. Jahrhunderts war die Produktivitätstheorie die konsensuale Theorie des Zinses. Wie schon der Name vermuten lässt, zielt ihre Kernaussage bezüglich der Begründung des Zinses auf die Produktivität des Kapitals: Innerhalb der Produktion schafft das Kapital einen besonderen Wert, und solange sich dieser Produktionsfaktor im Privateigentum[12] befindet und sein Einsatz in der Produktion von der Zustimmung des Eigentümers abhängig ist, scheint auch ein Anspruch desselben auf einen Teil am Ertrag (Zins) vorzuliegen und gerechtfertigt zu sein.[13] Der Begriff der *Produktivität* muss allerdings differenzierter betrachtet werden: Physische und wertmäßige Produktivität sind zu unterscheiden. Die physische Produktivität trägt dazu bei, dass mit Kapital mehr Güter, also höhere Stückzahlen eines Produktes, hergestellt werden können. Die Wertproduktivität hingegen zielt darauf ab, dass mit der Zunahme an Kapital nicht nur ein Mehr an Gütern, sondern auch ein Mehr an *Wert* geschaffen wird. Ein zwingend kausaler Zusammenhang zwischen Güterzunahme und Wertzunahme ist jedoch nicht gegeben, denn aus mehr Gütern resultiert nicht notwendig mehr Wert.[14] Hinsichtlich dieses Problems wird zwischen einer einfachen beziehungsweise naiven und einer motivierten Produktionstheorie unterschieden. Die erstgenannte Theorie ignoriert den besagten Aspekt und schließt von der physischen Produktivität des Kapitals auf dessen Mehrwert. Die motivierte Produktivitätstheorie umgeht dieses Problem, indem sie das eingesetzte Kapital als *Arbeitsersatz* auslegt. Da Arbeit Werte schafft, ist somit das eingesetzte Kapital nicht nur physisch, sondern auch wertmäßig produktiv.[15]

Der Kritikpunkt an dieser Perspektive besagt, dass damit nur ein bestimmter Rohzins, aber kein Reinzins des Kapitals erklärt werden kann, denn um auf eine Notwendigkeit des Zinses zu schließen, muss der durch das Kapital geschaffene Wert größer sein als die verursachte Abnutzung des Kapitals.[16] Bereits hier wird sichtbar, aus welcher Richtung die ökonomischen Theorien die Problematik des

12) Die Institution des Privateigentums als die für den Zins konstitutive Determinante haben wohl auch intuitiv schon die Produktivitätstheoretiker gespürt. Da sie aber das Privateigentum als schon immer gegeben voraussetzen, bleibt eine Reflexion über die möglichen Implikationen aus.

13) Vgl. Kronstein, 1951, S.18.

14) Vgl. Kronstein, 1951, S.19.

15) Vgl. Vepy, Franz von: *Das Zinsproblem in der deutschen Literatur der ersten Hälfte des XIX. Jahrhunderts.* 1935, S.10.

16) Kronstein, 1951, S.23.

Zinses anzugehen versuchen. Die Ethik und die soziale Interaktion werden vollständig ausgeklammert und stattdessen wird rein abstrakt danach gefragt, wie durch den Einsatz von Kapital ein Mehr an Kapital erschaffen wird. Der entscheidende Fehler, der hier begangen wird, liegt in der Außerachtlassung der zwingend vorzunehmenden Differenzierung zwischen Kapitalzins und Darlehenszins.[17]

2.2. Die Nutzungstheorie

Um den *wert*mäßigen Überschuss über den Kapitaleinsatz erklären zu können, wurde von den Vertretern der Nutzungstheorie dem Kapital ein immanenter Wert zugesprochen: der Nutzwert. Das entstandene Kapitalprodukt – so die Nutzungstheorie - entspringt aus dem (1) Verbrauch und der (2) Nutzung des Kapitals. Diese (immaterielle) Nutzung des zur Verfügung gestellten Kapitals ist es, was den Reingewinn beziehungsweise den Reinzins des Kapitals ausmachen soll.

Es ist deutlich, dass diese Art der Argumentation eine metaphysische Hypothese darstellt. Der echten, physischen Vernutzung oder auch Be*nutzung* des Kapitals eine selbstständige, wertschaffende und den Zins konstituierende *Nutzung* zur Seite zu stellen, kann als einfache *rhetorische* Aufwertung des Kapitals angesehen werden.[18] Und auch hier verbleibt wie zuvor bei den Produktivitätstheorien die Argumentation eher im mechanistischen Rahmen der Frage verhaftet: Was ist der Grund des Kapitalgewinns und wie kommt dieser zustande? Wie dieser (mögliche) Gewinn verteilt wird oder was die Ursache des Zinses ist, wird nicht erörtert.

---

17) Ein auffälliges Merkmal dieser Betrachtungsweise ist, dass bei besagtem Kapitalzins nur *ein* Subjekt zu seiner Entstehung notwendig ist, während der Darlehenszins eines Gläubigers *und* eines Schuldners bedarf. Ein bekanntes Beispiel für den Kapitalzins ist folgendes: „Ein Fischervolk, das in Höhlen wohnt, verzehrt täglich drei Fische pro Person. Kapital besitzt es keines. Ein Angehöriger dieses Volkes entschließt sich während 100 Tagen nur von zwei Fischen täglich zu leben und ernährt sich dann von den ersparten 100 Fischen weitere 50 Tage. Diese verwendet er zum Bau eines Bootes und eines Netzes. Mit diesem Kapital kann er nun täglich 30 Fische fangen. Im Laufe der nächsten 100 Arbeitstage wird er also 3000 Fische fangen als Produkt von 150 Tagen (inklusive der 50 Tage, die er zur Produktion des Kapitals benötigt hat), anstatt nur 450 wie bisher. Pro Tag hat er also 20 Fische anstatt nur deren drei.“, Kronstein, 1951, S.22. Die Differenz stellt den besagten Kapitalzins dar.

18) Vepy, 1935, S.11; Kronstein, 1951, S.37-43. Interessant an diesem Ansatz erscheint die Tatsache, dass hier erstmals etwas rein immaterielles für die Begründung des Zinses herangezogen worden ist. Später bei der *Liquiditätsprämie* von Keneys und der *Eigentumsprämie* von Heinsohn/Steiger wird dieser immaterielle Ertrag erneut zu finden sein.

2.3. Die Arbeitstheorien

Die aus der motivierten Produktionstheorie abgeleiteten und auf die Wesensverwandtschaft von Arbeit und Kapital abzielenden Arbeitstheorien bewegen sich in drei verschiedene Richtungen[19]: die englische, die französische und die deutsche Arbeitstheorie.

Der Grundtenor der englischen Arbeitstheorie besagt, dass das Kapital *durch* Arbeit entstanden ist. Bei seinem weiteren Einsatz ist das Kapital als akkumulierte beziehungsweise mittelbare Arbeit zu betrachten. Deshalb sei der Zins nichts anderes als der Lohn für diejenige Arbeit, die mittelbar durch die Arbeitsgeräte geleistet wird, welche ihrerseits durch Handarbeit produziert worden sind.[20] Zwar wird hiermit die Amortisation des Kapitals adäquat erklärt und auch der Gedanke der im Kapital akkumulierten Arbeit kann nicht abgewiesen werden, doch der Zins als Mehrwert des Kapitals kann dadurch nicht motiviert werden. Warum außer dem Lohn für die mittelbare Arbeit noch ein Mehrwert bezahlt werden muss, ist nämlich damit nicht begründet.

Gemäß der französischen Arbeitstheorie fungiert der Zins als Arbeitsentlohnung, allerdings für eine ganz andere *Art* von Arbeit. Der körperlichen und geistigen Arbeit wird eine neue Art, die *Ersparnis*-Arbeit, zur Seite gestellt, welche eine Anstrengung des menschlichen Willens darstellt und der Begierde und der Bequemlichkeit der Individuen entgegenhandelt. Es bedarf also einer zu entlohnenden Willens*arbeit*, um Kapital zu akkumulieren, und den Lohn dieser Arbeit stellt der Zins dar. Ein weiteres Mal wird mit Hilfe von sprachlichen Kunstgriffen versucht den Kapitalzins zu rechtfertigen, denn harte körperliche Arbeit mit dem ‚Luxus' des Nicht-Verbrauchens in dieselbe Kategorie aufzunehmen, ist ein durch Rhetorik kaschierter Kategoriefehler. Was die Theorie jedoch endgültig ad absurdum führt, ist die Tatsache, dass die gleiche Ersparnisarbeit beim Nichtverbrauch eines Bankguthabens und beim Thesaurieren des gleichen Betrages geleistet wird, wobei im erstgenannten Fall die ‚Arbeit' entlohnt wird und im zweiten Fall nicht.[21]

---

19) Eine erwähnenswerte Bemerkung bezüglich der Dreiteilung dieser Theorie macht Kronstein, für den die „[...] Unterschiede [in der Argumentation] auch in der psychologischen Struktur der betreffenden Länder zum Ausdruck kommt", Kronstein, 1951, S.51-52. Da der Autor seine Anmerkung nicht weiter ausführt, kann nur vermutet werden, dass er auf eine gewisse Ethnostereotypisierung der betreffenden Gruppen abzielt, wonach es eine typisch deutsche, typisch französische und typisch englische Denkweise geben soll.

20) Vgl. Vepy, 1931, S.12.

21) Vgl. Vepy, 1931, S.13-14.

Zum ersten Mal innerhalb der ‚modernen' Zinsauseinandersetzung wird hier neben dem technischen Aspekt der Produktivität auch eine quasi psychologische Begründung des Zinses angeboten, da sich nun dem Kapitaleigner ein Kapitalnachfrager dazugesellt. Die Tatsache, dass der erstgenannte durch Überlassung eines Vermögenswertes einen Zins verlangen kann, wird zu begründen versucht.

Anders als bei der französischen Theorie wird von den deutschen Vertretern der Kapitalist mit dem Zins entlohnt, weil er der Volkswirtschaft Dienste leistet, welche in der Organisation der Wirtschaft, sprich in der für die Volkswirtschaft förderlichen Allokation der Produktionskräfte, bestehen.

Die Organisation der Wirtschaft haben aber nicht die Kapitalinhaber inne, sondern die Unternehmer. Auch wurde der Einwand erhoben, dass es dem Wesen der bestehenden Wirtschaftsordnung widerspricht, wenn jemand für eine einmalige Leistung ein dauerndes Einkommen bekommen soll.[22]

2.4. Die Abstinenztheorie

Einen vermeintlich anderen Weg der Zinsbegründung schlagen die Abstinenztheoretiker ein. Für sie resultieren aus der Kapitaldisposition für das *leihende* Individuum subjektive Umstände wie Mühe, Unlust, Opfer und ähnliches, welche es nur zu akzeptieren bereit ist, wenn dafür Entlohnung in Aussicht gestellt wird. Neben den zwei primären Produktionsfaktoren Natur und Arbeit postuliert die Abstinenztheorie noch einen dritten Faktor, durch welchen die beiden erst wirksam werden: die *Abstinenz*[23], auch als Genussverzicht oder Genussaufschub bezeichnet. Im Zusammenwirken dieser drei Produktionsfaktoren wird Kapital geschaffen, welches sich, im Produktionsprozess eingesetzt, zum Genussverzicht im selben Verhältnis befindet wie Arbeit zum Arbeitslohn. Der Zins ist folglich ein Abstinenz- beziehungsweise Entbehrungslohn.[24]
Eine polemisch anmutende, jedoch im Kern richtige und bekannt gewordene Kritik an dieser Zinsauffassung äußerte Lassalle:

22) Vgl. Vepy, 1931, S.15-17.

23) In ihrer Grundaussage gleicht die französische Arbeitstheorie der Abstinenztheorie; siehe Kronstein, 1951, S.44-48. Die Ersparungsarbeit und die Abstinenz sind inhaltlich gleiche Begriffe, die eine geistige oder auch moralische Anstrengung des Willens ausdrücken, welche darin besteht, sich des gegenwärtigen Genusses zu enthalten. Diese ‚Anstrengung' soll mit einem Zins belohnt werden.

24) Böhm-Bawerk, 1921, S.241-245.

> Der Kapitalprofit ist der ‚Entbehrungslohn'! Glückliches Wort, unbezahlbares Wort! Die europäischen Millionäre Asketen, indische Büßer, Säulenheilige, welche auf einem Bein auf einer Säule stehen, mit weit verbogenem Arm und Oberleib und blassen Mienen einen Teller ins Volk streckend, um den Lohn ihrer Entbehrungen einzusammeln! In ihrer Mitte und hoch über alle seine Mitbüßer hinausragend als Hauptbüßer und Entbehrer das Haus Rothschild! [25]

Wenngleich unsachlich formuliert, besitzt diese Kritik inhaltliches Gewicht: Die Höhe und das Vorhandensein eines Zinses korrespondiert in keiner Weise mit der Größe des vermeintlichen Entbehrungsopfers. Oft erlangt jemand Zins auch dort, wo kein individuelles ‚Entbehrungsopfer' vorliegt; einerseits kann ein hoher Zins mit sehr kleinem oder keinem[26] ‚Opfer' erreicht werden (Millionäre), andererseits kann ein individuell hohes ‚Entbehrungsopfer' vorliegen, der entsprechende Zins aber sehr niedrig sein, wie zum Beispiel bei einem vom Munde abgesparten Sparbuchguthaben.[27]

Trotz dieses *praktischen* Einwandes wird der *theoretische* Grundgedanke der *Entbehrung* in veränderter Form und psychologisch ausdifferenzierter auch in die neoklassische Zinstheorie Eingang finden.

2.5. Die Ausbeutungstheorie

Innerhalb der von Marx[28] formulierten Ausbeutungstheorie wird nur die Arbeit als produktive Kraft gesehen, weshalb ausschließlich die Arbeiter einen Anspruch auf das *ganze* Sozialprodukt haben sollen. Da allerdings die Kapitalisten – diejenigen Individuen, die nicht die Arbeit verrichten – zu politischer Macht gelangten, so dass es ihnen möglich war, die zur Produktion notwendigen Mittel als ihr Privateigentum (sic!) auszuweisen, wurde der Begriff des Kapitalzinses ‚erschaffen', welcher aus der Differenz zwischen dem Ertrag des Produktes und

25) Lassalle, Ferdinand: *Kapital und Arbeit.* Berlin, 1864, S.110. Zitiert aus: Böhm-Bawerk, 1921, S.246.

26) Hierzu ein einfaches Beispiel: Ein wohlhabender Kapitalinhaber verleiht 1000 Geldeinheiten zu einem bestimmten Zinssatz und vergisst das vorgenommene Geschäft. Abgesehen davon, dass dieser Betrag in Relation zu seinem großen Vermögen nicht ins Gewicht fällt, laufen seine anderen Geschäfte zu seinen Gunsten, wodurch er noch mehr Kapital akkumuliert. Die einzige Entbehrung hier ist, dass er mit den vergessenen 1000 Geldeinheiten anderweitig noch mehr Kapital akkumulieren könnte, denn offensichtlich ist dies kein Fall von einem Konsumverzicht, welcher als eine tatsächliche Entbehrung zu werten wäre. Aus der Sicht des Kapitalgebers entsteht der Eindruck, als ob das Geld die Fähigkeit zur Selbstreproduktion hätte.

27) Böhm-Bawerk, 1921, S.247-248.

28) Marx, Karl: *Das Kapital.* Band 3, S.365-388.

dem Lohn der Arbeiter resultiert.[29] Polemisch formuliert ist der Kapitalzins hier nichts anderes als die Bilanz der Ausbeutung der Arbeiter durch die Kapitalisten. Diese Ansicht findet sich schon bei John Locke wieder, der postuliert: „Der Zins ist die Frucht fremder Arbeit."[30]

Bemerkenswert ist hier die Tatsache, dass die Ausbeutungstheorie im Gegensatz zu den vorherigen – und auch zu den nachstehenden Theorien – den Zins zwar *ökonomisch* zu erklären versucht, diesem aber keineswegs ökonomische Notwendigkeit zubilligen will:

> Die liberalen Schriftsteller haben die Arbeitstheorie geschaffen, um den Zins zu rechtfertigen, die Sozialisten haben die Ausbeutungstheorie aufgestellt, um ihn zu verdammen.[31]

Somit kann die Ausbeutungstheorie als erste ökonomische Begründung der kanonischen Verbote des Zinses gesehen werden. Ohne an dieser Stelle auf ihre Schwächen einzugehen,[32] ist diese Theorie insofern aufschlussreich, als dass sie im Gegensatz zu den klassischen und auch neoklassischen Ansätzen die implizite Erkenntnis besitzt, dass ein Zins ohne *Eigentumsrechte*, das heißt ohne *Eigentum*, nicht zustande kommen kann.

2.6. Die neoklassischen Zinstheorien

Allgemein kann die Ursache des Zinses in der Neoklassik, dem heutigen *Mainstream*, dahingehend zusammengefasst werden, dass sie eine allgemeine menschliche Neigung zur *Höherschätzung von Gegenwartsgütern gegenüber Zukunftsgütern* postuliert. Diese Präferenz setzt sich aus drei Annahmen zusammen, die allesamt auf Böhm-Bawerk zurückgehen: [33]

---

29) Vgl. Vepy, 1931, S.15; auch Brodbeck, Karl-Heinz: *Erfolgsfaktor Kreativität.* Darmstadt, 1996, S.281-282.

30) Locke, John: Zit. nach Kronstein, 1951, S.55.

31) Kronstein, 1951, S.54.

32) Zum Beispiel „definiert" Marx den Zins wie folgt: „Der Teil des Profits, den er [Unternehmer als Schuldner] ihm [Gläubiger als Geldkapitalist] zahlt, heißt Zins, was also nichts ist als ein besonderer Name, eine besondere Rubrik für einen Teil des Profits, den das fungierte Kapital statt in die eigene Tasche zu stecken, an den Eigner des Kapitals wegzuzahlen hat.", Marx, *Das Kapital*, S.371. Dabei wird übersehen, dass das Zinsgeschäft keine Art einer Gewinnbeteiligung ist und die im Voraus vereinbarten, festen Zinszahlungen auch bei Verlusten des Schuldners durch Eigentumsverpfändung realisiert werden.

33) Böhm-Bawerk, 1921.

1. Grundsatz der zeitlichen Verschiedenheit des Bedarfs: Menschliche Bedürfnisse treten zu verschiedenen Zeitpunkten auf, was erst eine Zeitpräferenz bezüglich des Konsums erlaubt.
2. Grundsatz der Minderschätzung künftiger Bedürfnisse: Da die Zukunft ungewiss ist, bietet der Gegenwartskonsum die sicherere, wertvollerer Alternative.
3. Grundsatz der Vorteilhaftigkeit kapitalistischer Produktion: Durch die Verfügung über Gegenwartsgüter können Produktionswege eingeschlagen werden, welche die Produktivität erhöhen. Der Schuldner kann den Zins nur dann erwirtschaften, wenn er den Kredit investiert und den sogenannten internen Ertrag erzielt, der größer ist als die geliehene Investitionsmenge.[34]

Aus den genannten Motiven haben Gegenwartsgüter für den Menschen einen höheren *Wert* als dieselben Güter in der Zukunft. Deshalb muss derjenige, der die Güter heute hergibt, morgen ein Mehr, also einen Zins zuzüglich der ausgegebenen Güter bekommen.

Die zwei ersten Grundsätze sind unstrittig, stellen jedoch nichts grundlegend Neues dar. Die Idee der Gegenwartspräferenz hat eine lange philosophische Tradition (Thomas von Aquin, Spinoza, Leibniz)[35] und wurde mit anderen Begriffen schon bei den Abstinenztheoretikern vorgefunden. Dort hieß es, der Zins sei für das ‚Entbehrungsopfer' zu zahlen, welchem sich der Enthaltsame, dem sofortigen (t0) Konsum an X widerstehende Kapitalgeber unterzieht; in der Neoklassik wird dieselbe menschliche Neigung zur Gegenwartspräferenz beziehungsweise *Zeitpräferenz* ausgebaut. Da niemand weiß, ob er morgen noch lebt, kann diese *Gegenwartspräferenz* als ein bestimmter biologisch-psychologischer Determinismus verstanden werden. Ein Phänomen wie der Zins, welcher nicht für alle Zeiten der Menschheitsgeschichte nachzuweisen ist, kann allerdings daraus nicht konsistent abgeleitet werden.

34) Lutz, 1967, S.9-17; Kronstein, 1951, S.61-62.

35) Thomas von Aquin (1225-1274): „Zukünftige Güter werden nicht so hoch bewertet wie dieselben Güter, die gesammelt und unmittelbar verfügbar sind, auch stiften sie dem Eigentümer nicht denselben Nutzen." Baruch de Spinoza (1632-1677): „Der Affekt gegen ein zukünftiges Ding, von dem wir wissen, daß es in der Gegenwart nicht existiert, ist bei sonst gleichen Umständen schwächer als der Affekt gegen ein vergangenes Ding."Gottfried Willhelm Leibnitz (1646-1716): „Ja es zeigt sich, daß die Dinge sich schließlich nicht im Verhältnis zu ihrer wachsenden Entfernung verkleinern, denn ihre Erscheinung verschwindet bald gänzlich. (...) Ebenso vermag eine kleine zeitliche Entfernung die Zukunft gänzlich unserem Blicke zu entziehen, ganz wie wenn der Gegenstand verschwunden wäre". Zitiert aus: Brodbeck, Karl-Heinz: *Die fragwürdigen Grundlagen der Ökonomie.* 2000, S.92. Zur Kritik an der Zeitpräferenz siehe auch S.93-95. Brodbeck konstatiert: „Es ist ein Kategoriefehler, vorgestellten Wein und aktuell getrunkenen Wein mit einem Maß zu messen. Man kann künftige Güter planen oder erwarten, aber Planungen oder Erwartungen sind keine Güter. Deshalb erklärt die „Zeitpräferenz", getrennt von Planungen und Erwartungen, nichts und ist ein bloßer Leerbegriff.", S.95.

Ökonomisch (technisch) betrachtet erweist sich der dritte Punkt der Neoklassik als problematisch, welcher – gleichsam wie die naive Produktivitätstheorie – die Voraussetzung der Wertproduktivität des Kapitals annimmt, ohne diese erklären zu können. Die fehlende Erklärung der Gegebenheit, warum der Netto-Kapitalnutzen größer als Null ist, belastet die Neoklassik bis heute und wird von dieser als Schwäche auch eingestanden:

> Es muß mit aller Schärfe betont werden, dass diese Voraussetzung von allen Zinstheoretikern gemacht wird, einschließlich Böhm-Bawerk. Dieser hat die Wertproduktivität des Kapitals im gleichen Sinn vorausgesetzt wie die Abstinenztheoretiker, die ja auch annahmen, dass es Investierungsmöglichkeiten gibt, die es gestatten, einen Überschuß über das im Produktionsprozeß verbrauchte Kapital zu erzielen, aus dem die Abstinenz bezahlt werden kann. Nach Böhm-Bawerk ist die Diskussion über den Ursprung des internen Ertrags ganz abgeflaut; die Theoretiker, die sich mit dem Zinsproblem beschäftigen, setzen die Möglichkeit, einen Reinertrag zu erzielen, ohne weitere Diskussion voraus, so wie es ihre Vorgänger - bewußt oder unbewusst - auch getan hatten.[36]

Schon an dieser Stelle ist anzumerken, dass, wenn die dritte Annahme von Böhm-Bawerk immer erfüllt wäre, seine ersten zwei Begründungen des Zinses im Grunde unnütz wären. Dazu später ausführlicher.

2.7. Die Liquiditätspräferenztheorie

Abweichend von der neoklassischen Theorie, die den Zins als Belohnung für den Aufschub von Konsum erfasst, versteht Keynes den Zins als Belohnung für die Aufgabe des Gutes Geld, welchem eine immaterielle Eigenschaft, die *Liquiditätsprämie*, zugesprochen wird. Diese Liquiditätsprämie des Geldes[37] ist für Keynes die Verfügungsmacht über Geld, aus welcher eine *Annehmlichkeit* oder *Sicherheit* resultiert, gegebenenfalls anfallenden Verbindlichkeiten[38] nachkommen zu können.

---

36) Lutz, Friedrich A.: *Entwicklung der Zinstheorie.* Zitiert aus: Heinsohn/Steiger, 2006, S.62-63.

37) Für Keynes besitzt nicht nur Geld, sondern jedes Gut, das als Vermögen gehalten wird, eine Liquiditätsprämie, welche je nach Spezifikation des Gutes unterschiedlich hoch ausfällt. Die Höhe der Liquiditätsprämie wird immer relativ zu den Aufbewahrungskosten eines Gutes gerechnet. So übersteigen die Aufbewahrungskosten von Realkapital als Produktionsmittel (Gebäude, Maschinen) und Realkapital in Form von Vorräten (Rohstoffe) ihre Liquiditätsprämie. Nur für das Vermögensgut Geld, bei welchem die Aufbewahrungskosten vernachlässigbar klein sind, spielt die Liquiditätsprämie eine wesentliche Rolle. Diese Eigenschaft ist es, die jedes Vermögensgut zu Geld macht. Ein weiterer Grund für die hohe Liquiditätsprämie des Geldes ist die Annehmlichkeit des Geldes als Standarttransaktionsmittel, in welchem Kontrakte fixiert werden. Vgl. Heinsohn/Steiger, 2006, S.178-179.

38) Was unter diesen Verbindlichkeiten zu verstehen ist, wird nicht erwähnt. Offensichtlich hat Keynes hier so etwas wie Notfälle des Lebens im Blick, oder aber auch einen *potentiellen Konsumwillen*, der, wenn die Liquidität abgegeben ist, durch die Aussicht auf mehr

Es ist also nichts greifbares in Form von Output, was aus dem temporären Halten von Geld entspringt. Vielmehr kann der Output der Geldhaltung als ‚Gewährung seelischer Ruhe' („Ich bin nicht liquide" ist auch im Volksmund negativ konnotiert) definiert werden. Diese aufzugeben ist ein Individuum nur bereit, wenn dafür eine Entschädigung in Form von Zinsen in Aussicht gestellt wird, oder mit Keynes gesprochen:

> Da der Zinsfuß die Belohnung für die Aufgabe der Liquidität ist, ist er somit jederzeit ein Maß für die Abneigung derer, die Geld besitzen, sich von der liquiden Verfügung darüber zu trennen. Der Zinsfuß ist nicht der „Preis", der die Nachfrage nach Geldmitteln zur Investition mit der Bereitwilligkeit, sich des gegenwärtigen Verbrauchs zu enthalten, ins Gleichgewicht bringt.[39]

Der Unterschied zu der neoklassischen Theorie besteht hauptsächlich in dem Postulat eines *immateriellen* Ertrages des Geldes als Vermögensgut im Gegensatz zu den physischen Eigenzinsen der neoklassischen Güter. Diese Eigenschaft leitet sich aber wiederum aus den Gütern selbst ab. Somit kann auf eine Analogie zwischen dem materiellen Eigenzins der Güter und der immateriellen Liquiditätsprämie als dem Eigenzins für das Gut Geld geschlossen werden.[40]

Gemeinsam mit der Neoklassik hat diese Zinserklärung den Rückgriff auf das *psychologische* Moment der Zeitpräferenz: Dort war es die Gegenwartsvorliebe für einen Einkommensstrom an Konsumgütern, hier ist es die Gegenwartsvorliebe für einen Vermögensbestand an Geld, welcher die Ursache des Zinses darstellen soll. Nicht explizit erwähnt, aber implizit mitgedacht ist auch in diesem Fall die Produktivität des Kapitals, also die neoklassische „Investierungsmöglichkeit"[41], die bestehen muss, auf dass der Schuldner den Zins überhaupt erwirtschaften kann. Doch denkt Keynes hier offenbar nicht konsequent weiter. Paraphrasiert ist die Liquiditätsprämie nur die aus der Sicherheit, gegebenenfalls anfallenden Verbindlichkeiten nachkommen zu können, resultierende Annehmlichkeit. Allerdings kann die abgegebene Sicherheit, die das Geld zu bieten hatte, nicht durch mehr Geld in *Zukunft* ersetzt werden. Der Kreditgeber kann sich nicht einmal sicher fühlen, das Kapital zurück zu bekommen.

Konsum in der Zukunft kompensiert werden muss.

39) Keynes, John Maynard: *Allgemeine Theorie der Beschäftigung, des Zinses und des Geld*, 2002, S.141

40) Vgl. Heinsohn/Steiger, 2006, S.180.

41) Lutz, 1967, S.79.

2.7. Synopse

Was kann nun zusammenfassend aus der Warte der ökonomischen Theorien als die *Ursache* des Zinses ausgemacht werden? Zunächst ist auszuführen, dass trotz der vermeintlichen Unterschiede einzelne Theorien aufeinander aufbauen, um wiederum Grundlagen für neue Theorien zu bilden. Die Zusammenhänge können wie folgt dargestellt werden:[42]

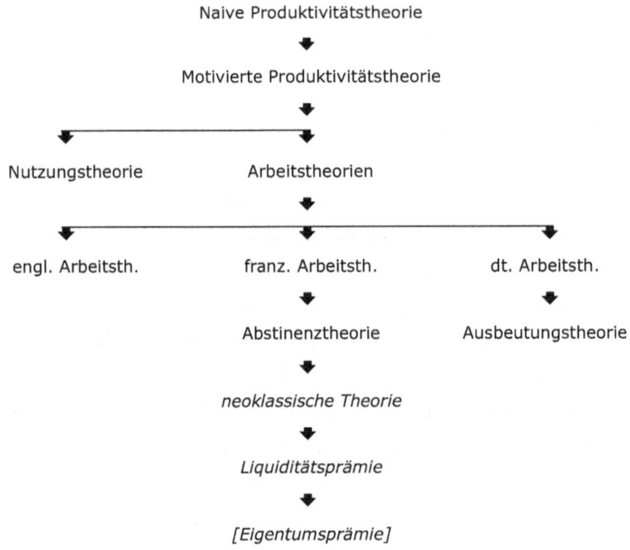

Die erste Einsicht der ökonomischen Theoretiker war, dass das *Kapital* in irgendeiner Art und Weise produktiv ist, das heißt, dass mit dem Einsatz von Kapital ein mengen- oder wertmäßig höherer Output erzeugt werden kann als dies ohne der Fall wäre. Dieser Reinertrag von Gütern durch Umwandlung von Güterwerten in höhere Güterwerte ist das Phänomen, aus dem der Zins zu leisten ist. Da in der beobachtbaren Wirklichkeit der Nettokapitalnutzen größer als Null ist (sein kann!), muss die Tatsache als ökonomisches Axiom behandelt werden.[43]

42) Erweitertes Diagramm aus Vepy, 1935, S.16.

43) Axiomatisch, um nicht zu sagen tautologisch, ist der Nettokapitalnutzen (Kapitalproduktivität, Wertproduktivität des Kapitals) schon deshalb, weil abgesehen davon, dass der Begriff des Kapitals selbst diffus ist, die klassische Annahme des Kapitals als dritter Produktionsfaktor neben Arbeit und Boden bereits einen tautologischen Charakter besitzt. Aus Arbeit und Boden alleine (ohne zum Beispiel Saatgut) kann nichts entstehen.

Aus diesem Faktum heraus ist noch nichts über die Ursache des Zinses gesagt. Es stellt vielmehr – bezüglich der vorgestellten Theorien – eine vermeintliche *Quelle* dar, aus welcher der Preis für die Überlassung des Kapitals zu zahlen ist; nicht aber die *Ursache* des zu zahlenden Preises.[44] Die Produktivitätstheorien, die Nutzungstheorie und die neoklassische Theorie haben diesbezüglich dieselbe Prämisse: *Ein Schuldner investiert geliehenes Kapital, welches durch Umformung einen Mehrwert schafft, aus dem der Zins an den Gläubiger zu zahlen ist.* Die Ursache des Zinses ist damit jedoch nicht ergründet und bei näherem Hinsehen ist auch über dessen Quelle nichts ausgesagt. Vielmehr kann die Essenz der Theorien darauf reduziert werden, dass nur *Rechtfertigungen*, warum S an G einen Zins zahlen *muss*, in Verbindung mit dem, wie S dies schaffen *könnte*, gegeben werden! Die Erkenntnis bezüglich dem 'wie kann der Schuldner die Zinsen zahlen', sprich das ökonomische Fundament der Theorien, ist immer die gleiche: Verzicht des Gläubigers in Periode 1 auf Konsum (C1) (bei Keynes auf potentiellen Konsum); der Schuldner investiert C1 und erwirtschaftet C2. Es soll immer gelten, dass C2 > C1. Dann ist C2 - C1 = Reinertrag, aus welchem der Schuldner dem Gläubiger einen Zins zahlen muss; der Rest ist Gewinn des Schuldners.

Aber selbst diese Einsicht widerspricht der beobachtbaren Tatsache, dass der Zins selbst dann zu leisten ist, wenn der Schuldner – die Investition des Kapitals vorausgesetzt – Verluste macht, also den Reinertrag nicht erwirtschaften kann.[45] Genauer betrachtet braucht der Schuldner im Grunde nicht einmal eine Investitionsmöglichkeit aufzuweisen, um an einen verzinsten Kredit herankommen zu können. Würde die Wirklichkeit den bisherigen theoretischen Annahmen entsprechen, also immer der Fall eintreten, dass aus dem Geliehenen ein Mehrwert geschaffen wird, würde der Zins alles andere als solch ein kontroverses Thema darstellen. Mehr noch: Würde jeder Kredit das Idealbild erfüllen, Kreditsumme < Kreditrückerstattung + Zinsen für Geliehenes + Gewinn, dann würde jede weitere Begründung, warum der Schuldner an den Gläubiger Zinsen zahlen muss, beziehungsweise dass der Gläubiger Zinsen verlangen darf, widersinnig sein. Wie hartnäckig sich die Zinstheoretiker auf die Produktivität des Kapitals und auf die Investition desselben versteifen, wird da-

44) Der Unterschied zwischen der erwähnten Quelle des zu zahlenden Zinses und der Ursache desselben kann mithilfe zweier Fragen plastisch gemacht werden: 1. Wie kann der Schuldner den Zins überhaupt bezahlen oder was sind die Mechanismen, die den Schuldner zur Erschaffung eines Mehrwertes befähigen? Diese Frage stellt auf die Quelle des Zinses ab. 2. Warum verlangt der Gläubiger vom Schuldner einen Zins? Dies stellt auf die Ursache des Zinses ab. Anders ausgedrückt zielt die erste Frage auf die *Möglichkeit,* die zweite auf die *Notwendigkeit* des Zinses.

45) Vgl. Heinsohn/Steiger, 2006, S.216.

rin ersichtlich, dass bei einer einfachen Fallunterscheidung bezüglich des investierten Kapitals nur der erste Fall von drei möglichen in Betracht gezogen wird:

1. Das Geliehene wird vom Schuldner investiert und die Investition ist erfolgreich: Der Schuldner erwirtschaftet damit Kapital + Zinsen + Gewinn.
2. Die Investition ist nur bedingt erfolgreich: Der Schuldner erwirtschaftet Kapital + Zinsen, aber keinen Gewinn.
3. Die Investition ist nicht erfolgreich: Der Schuldner muss das Kapital und die Zinsen dennoch zurückerstatten.[46]

Es ist verwunderlich, wie konsequent der zweite und besonders der dritte Fall in sämtlichen dargestellten Zinstheorien ausgeblendet werden. Eine Differenzierung der beobachtbaren Tatsachen wurde in der Literatur, so weit ersichtlich, nicht vorgenommen. Da Zinsen in diesem Sinne *keine* Gewinnbeteiligung, sondern vom wirtschaftlichen Ergebnis der Kapitalüberlassung *unabhängige*, sichere und periodisch zufließende Beträge sind, muss folglich auch die Quelle des zu zahlenden Zinses anderer Natur sein. Im Kapitel über die Eigentumsprämie wird dies zu erörtern sein; mit ihrer Hilfe wird auch die Ursache des Phänomens sichtbar.

Da eine notwendige Begriffsdifferenzierung nicht angestrebt wurde, geht die Verwirrung um den Zins noch weiter. Im Laufe der theoretischen Entwicklung ist eine irritierende Gleichsetzung der Begriffe *Kapitalzins* und *Darlehenszins* zu verzeichnen, welche inhaltlich nur partiell gleichbedeutend sind. Der erste Unterschied dieser Begriffe wird durch die Existenz eines Unternehmerkapitalisten erkennbar, welcher Unternehmer und Kapitalist in einer Person vereint. Es ist zur Konvention geworden, dass auch dieser durch die Produktion sein Kapital *verzinst*, er somit einen *Kapitalzins* erwirtschaftet. Er muss aber nicht, falls die vorgenommene Investition scheitert, Zinsen *an sich selbst* zurückerstatten.[47] Des Weiteren sind eine Reihe synonymer Begriffe für den Kapitalzins zu verzeichnen, die den Unterschied verdeutlichen. So kann anstatt Kapitalzins auch *Mehrertrag, Reinertrag, Wertproduktivität, Kapitalrendite* verwendet werden. Für den Darlehenszins dagegen ist nur die Kurzform *Leihzins* verzeichnet. Die Gleichsetzung dieser Begriffe führte dazu, dass die Diskussion falsche Aspekte einbezog und der Fokus

46) Selbst wenn die Investition erfolgreich im Sinne der Schaffung eines physischen Mehrertrags wäre, ist damit noch nicht gesagt, dass es für dieses Produkt eine Nachfrage gibt, was die Investition aus ökonomischer Perspektive als gescheitert erscheinen ließe. Auch dann müssen das Kapital und der Zins zurückerstattet werden.

47) Zu behaupten, er erwirtschafte hier eine Art *Negativzins*, wäre als reine Polemik zu werten, denn bei einer gescheiterten Investition macht der Unternehmerkapitalist nichts anderes als einen *Verlust*. Im umgekehrten Fall der Dinge macht er *Gewinn*.

auf die mechanistisch-technische Kapitalproduktivität (Kapitalverzinsung) gelegt wurde. Die Darlehenszinsen mit ihren nicht nur ökonomischen, sondern vor allem auch spezifisch sozialen Aspekten wurden, wenn überhaupt, nur zufällig erörtert.

Was bezüglich der skizzierten ökonomischen Theorien weiterhin auffällt, ist die unterschiedliche Rhetorik der moralischen beziehungsweise psychologischen Begründung, warum S an G Zins zahlen *muss* und umgekehrt, warum G einen Zins verlangen *darf*; außer der Ausbeutungstheorie sind sie alle bejahend. Es kann, so scheint es, nicht emphatisch genug betont werden, dass diese psychologischen und moralischen Begründungen als Rechtfertigungen der Realität des Zinsnehmens zu verstehen sind. Die Produktivitätstheorie, die Nutzungstheorie und ein Teil der neoklassischen Argumentation begründen den Zins durch die Fähigkeit des Kapitals einen Mehrwert produzieren zu können, welchen sich der Gläubiger und der Schuldner in einer Art Gewinnbeteiligung aufteilen. Die Arbeitstheorien und die Abstinenztheorie hingegen erwähnen den Mehrwert, die Kapitalverzinsung nicht.

Es muss angenommen werden, dass den letzteren das Scheitern vieler kreditierter Projekte wohl bewusst war und auch die sich daraus ergebende Tatsache, dass der Schuldner bei einem misslungenen Projekt dennoch die Zinsen entrichten muss. Dieses Faktum eben bedurfte einer Rechtfertigung, welche sich in den Arbeits- und Abstinenztheorien, aber auch in den ersten zwei Prämissen der Neoklassik von Böhm-Bawerk und der Liquiditätstheorie niederschlug.[48]

Auffällig dabei ist die sich abwechselnde Rhetorik, welche sich durch die Theoriegeschichte zieht, um dem Kapitalgeber einen moralethischen Anspruch bezüglich des Zinses zu gewährleisten. Mit dem *Entbehrungslohn* der Abstinenztheoretiker beginnend über die *Ersparnisarbeit* der Arbeitstheoretiker bis hin zur *Gegenwartspräferenz* der Neoklassik und der *Liquiditätsprämie* von Keynes wird immer aufs Neue versucht, den Zins psychologisch oder auch moralisch zu begründen. Wie wenig zufriedenstellend diese Argumente sind, wird erst sichtbar, wenn der Schritt aus der reinen Theorie in das historisch-gesellschaftliche Fundament der Entstehung des Zinses getan wird. Da bis jetzt immer dieselben Prämissen als Ausgangspunkt der Argumentation verwendet wurden, diese allerdings der beobachtbaren Wirklichkeit widersprachen, musste die Diskussion im „Chaos der Zinstheorien"[49] münden.

Vielmehr als eine idealisierte Funktionsweise des Zinses wurde durch die ökonomischen Diskurse nicht geleistet. Wie dieser aber in die Welt kam, bleibt

---

48) Eine Sonderstellung nimmt, wie schon oben erwähnt, die Theorie von Marx ein.
49) Lutz, 1967, S.9.

offen, nicht zuletzt deshalb, weil immerzu eine konsistente ökonomische Theorie mit gegebenen Axiomen für *alle* Epochen des menschlichen Daseins gesucht worden ist. Die reale Geschichte des Menschen als soziale Entität wurde dabei außen vor gelassen, weshalb der Blick auf die Ursachen verwehrt bleibt.

In der Hoffnung, das „Chaos“ etwas ordnen zu können, wird abschließend eine Übersichtsmatrix der vorgestellten Zinstheorien und ihrer expliziten und impliziten Annahmen und Rechtfertigungen vorgestellt:

Überblicksmatrix: Annahmen und Prämissen der Zinstheorien im Hinblick einer Zinserklärung und Zinsrechtfertigung (eigene Darstellung)[50]

	Kapitalproduktivität	Investitionsmöglichkeit	moralethische Rechtfertigung
Produktivitätstheorien	+ (explizit)	+ (implizit)	-
Nutzungstheorie	+ (implizit)	-	-
Arbeitstheorie	+ (explizit)	-	+ (explizit)
Abstinenztheorie	-	-	+ (explizit)
Ausbeutungstheorie	+ (implizit)	+ (implizit)	Ablehnung des Zinses
neoklassische Zinstheorie	+ (explizit)	+ (explizit)	+ (explizit)
Liquiditätspräferenztheorie	-	-	+ (explizit)

50) Alle dargestellten Annahmen und Voraussetzungen der Theorien sind für ihre Reinformen gedacht. Selbstverständlich ergänzen und bedingen sich verschiedene Autoren gegenseitig, so dass eine stringente Zuweisung zu einer Theorie nicht immer möglich ist. Die in Klammern stehenden Ausdrücke beziehen sich auf die Art und Weise der Erwähnung der betreffenden Sachverhalte, das + bzw. - steht dafür, ob die Voraussetzungen angenommen werden oder nicht.

3. Theorie der Eigentumsprämie

> *Unser seit mindestens zweihundert Jahren von abhängiger Erwerbsarbeit geprägtes Wirtschaftsgefüge verstellt hier leicht den Blick auf andere mögliche Organisationsformen, so dass wir zuweilen geneigt sind, das Aktuelle mit dem Modernen und das Vergangene mit dem Primitiven zu assoziieren, was aber nicht notwendig richtig sein muss.*[51]

Die erste Erkenntnis der Geschichtswissenschaften und zugleich das gewichtigste Argument gegen die oben angeführten Theorien hinsichtlich der Ursache des Zinses ist die längst bekannte und akzeptierte Tatsache der Unkenntnis desselben in Stammes- und Feudalgesellschaften.[52] Aus dieser Gegebenheit kann gefolgert werden, dass die von den ökonomischen Theorien des *Mainstream* angenommenen Prinzipien des Wirtschaftens keinen Anspruch auf eine zeitlose Allgemeingültigkeit haben können. Da der Zins in den besagten Gesellschaftsformen nicht auffindbar ist, muss nach anderen Formen des sozialen Zusammenseins gesucht werden, welche als konstitutives Moment des Zinses fungieren. Im Folgenden wird dargelegt, dass nur die *Eigentumsgesellschaft* die Erfordernisse mit sich bringt, Zinsen (und auch Geld) notwendig auf den Weg zu bringen. Dabei wird Eigentum ausdrücklich als eine historische, also erschaffene, Kategorie verstanden, welche nicht einem wie auch immer gearteten ‚natürlichen' Determinismus unterworfen ist und keine anthropologische Konstante des Mensch-Seins bildet.

Wie Künzli trefflich formuliert: „Das Privateigentum hat keinen ontologischen Status. Es gehört zur Kultur, nicht zur Natur."[53] Die Frage, wie der Zins in

51) Gronemeyer, Matthias: *Profitstreben als Tugend? Zur Politischen Ökonomie bei Aristoteles*, 2007, S.15.

52) Vgl. Hejcl, Johann: *Das Alttestamentliche Zinsverbot im Lichte der ethnologischen Jurisprudenz sowie des altorientalischen Zinswesens.* Freiburg, 1907, S.3-5; Heinsohn/Steiger, 2006, S.156-173.

53) Künzli, Arnold: *Mein und Dein. Zur Ideengeschichte der Eigentumsfeindschaft*, 1986, S.31. Diese Tatsache ist insofern sehr wichtig, weil sie erklärt, dass das Eigentum und die Zinsen und mithin auch die jetzt dominierende Gesellschaftsform des Kapitalismus und seines Konstituenten des *homo oeconomicus* (bei genauer Betrachtung ist es ein „homo akkumulationis") in den Bereich des Kontingenten, also des Möglichen, aber nicht des Notwendigen fällt. Es ist hier nicht das Vorhaben, die Grundprinzipien der *Mainstream-Ökonomie* zu kritisieren (unter dem gegebenen *engen* Rahmen durch die Kultur gebildeter Umstände hat diese auch hohes Erklärungspotential), auf Hinweise der grundlegenden Mängel soll aber nicht verzichtet werden. Einer dieser Hauptmängel ist, dass eine Reflexion ihrer Prämissen oder Axiome nicht geleistet wird. Ihre Prinzipien absolut setzend, wird den Studenten der Wirtschaftwissenschaften keine Möglichkeit der Hinterfragung, keine Möglichkeit einer konstruktiven Kritik und innovativen Ideensuche geboten. Die Charaktereigenschaften des homo

die Welt kam, ist somit ursächlich mit der Frage, wie *Eigentum* entstanden ist, verbunden. Denn nur wo „belastbares und verpfändbares Eigentum“[54] vorhanden ist, ist auch die Sicherheit des Gläubigers auf Rückerstattung des Geliehenen gegeben.

Allgemein können drei gesellschaftliche Grundstrukturen der sozialen Organisation unterschieden werden: 1. *Solidaritätsgemeinschaft*, wirksam in Familie und Stamm; 2. *Befehlsgesellschaft*, wirksam in Feudalismus und Realsozialismus; 3. *Eigentumsgesellschaft*, wirksam bei freien Bürgern.[55] Von der Tatsache ausgehend, dass Menschen nicht immer nach den gleichen Grundprinzipien zusammenlebten, ist es nur ein kleiner Schritt zur Einsicht, dass auch nicht immer die gleichen Prinzipien des Wirtschaftens für alle Epochen der Menschheit Geltung haben können. Veränderungen in der Gesellschaftsstruktur evozieren Veränderungen der Wirtschaftsstruktur, welche zusammen ein völlig neues Selbstverständnis vom *Mensch-Sein* herausbilden können, das indes nicht einen Anspruch für alle Zeiten haben kann.

3.1. Stammes- und Befehlsgesellschaften

Die erste und zugleich fundamentale Stufe der menschlichen Organisation ist die Familie oder der Stamm (Sippe, Geschlecht), wobei letzterer als erweiterte Familie aufgefasst werden kann. Diese Stufe des Zusammenseins ist durch ein starkes *Solidaritätsgefühl*[56] zwischen den einzelnen Mitgliedern gekennzeichnet, welche durch Ehe und Blutsgemeinschaft oder auch durch ein gemeinsames religiöses Bekenntnis konstituiert wird.[57] Die Mitglieder dieser gesellschaftlichen Stufen sind keine wirtschaftlichen Subjekte im heutigen Sinne; vielmehr stellen sie eine ökonomische Gemeinschaft

oeconomicus waren, sind und werden für immer allgemeingültig bleiben, so zumindest die herrschende, aber offensichtlich falsche Annahme der heute vermittelten Wirtschaftswissenschaft, was wiederum nicht bedeutet, die herrschende Wirtschaftstheorie sei inkonsistent. Die Schlüssigkeit ihrer Annahmen muss jedoch kritisch hinterfragt werden, denn jede Theorie ist nur so gut und nachvollziehbar wie die Prämissen, welche ihr Fundament bilden.

54) Heinsohn/Steiger, 2006, S.215.

55) Vgl. Hacl, 1907, S.1-2.; Heinsohn/Steiger, 2006, S.17.

56) Dieses biologistische Solidaritätsgefühl gegenüber den eigenen Blutsverwandten und auch engen Freunden kann, im Gegensatz zum oben festgestellten, als eine ewig wirkende Größe des Menschendaseins verstanden werden, welches in allen drei Gesellschaftsformen eine gegebene Konstante darstellt, die auch heute wirksam ist.

57) Vgl. Braun, Helmut: *„Interest Taking Survives all Oppositions. Eine Skizze ethnischer Zinsverbote und deren Überwindung.* In: Hans-Christian Mager, Henry Schäfer, Klaus Schrüfer (Hrgs.). *Private Versicherung und soziale Sicherung. Festschrift zum 60. Geburtstag von Roland Eisen*, 2001, S. 458.

oder ein wirtschaftliches Kollektiv dar. Innerhalb dieses Kollektivs sind die Phänomene des (Privat-) Eigentums und – wie schon Hejcl richtig bemerkt hat – der daraus resultierenden Darlehenskontrakte, folglich auch Zinsen, unbekannt.[58] So berichtet schon Tacitus, dem die Praxis des Zinsnehmens bei den Römern durchaus bekannt war, über das völlige Fehlen desgleichen bei den ältesten, stammesgesellschaftlich organisierten Germanen.[59]

Auch neuere Beobachtungen bestätigen das Fehlen des Zinses in Stammesgesellschaften. So wird beispielsweise bei den afrikanischen Nomadenvölkern das Vieh an einen Stammesgenossen *zinslos* und ohne *Sicherheit* verliehen, auch wenn dieser bereits in der Vergangenheit das geliehene Vieh nicht zurückgeben konnte:

> Die Bereitwilligkeit, arm gewordenen Hirten Tiere herzugeben, war bisweilen so groß, dass der reiche Entleiher durch Verschenken und Ausleihen seine große Herde bis auf eine geringe Zahl verminderte und gelegentlich sogar völlig verlor.[60]

Dasselbe binnenmoralische Prinzip – obgleich stark verwässert – ist noch heute wirksam. Blutsverwandten oder nahestehenden Freunden wird *zinslos* geliehen, gänzlich ohne Sicherheiten des Kreditrückflusses, basierend auf reinem Vertrauen der Rückerstattung und in Hoffnung einer gleichen Unterstützung im umgekehrten Fall der Dinge. Das Verliehene ist dabei kein Geschenk, aber selbst bei einer Verweigerung oder Unmöglichkeit der Rückerstattung gibt es im Stamm keinen sozialen Ort, kein Gesetz, welches einen Schuldner zur Leistungserbringung zwingt. Heute wäre ein solcher Ort das Zivilgericht mit dem Rückerstattungsmechanismus der Pfändung des *Eigentums*.

Diese Unterstützung innerhalb der Sippe, allgemeiner gesagt, eines (Wirtschafts)- Kollektivs ist als eine gemeinsame materielle Absicherung gegen individuell-kollektive Risiken zu verstehen, welche in den archaischen Tausch- und Subsistenzwirtschaften die Primärstrategie, heute allerdings nur eine sekundäre Rolle, bezüglich des Existenzrisikos darstellt.[61] Die gegenseitige Hilfeleistung innerhalb der Sippe ist nicht nur eine moralische Pflicht im Sinne eines auf moralisch-ethische Gefühle gerichteten Imperativs, sondern auch die primäre Strategie der materiellen Reproduktion des ganzen Stammes. Das Überleben ist die Aufgabe der Blutsverwandten und jedes Mitglied kann durch eine *ungeschriebene Norm* auf Hilfeleistung seiner Genossen zählen; diese endet erst, wenn alle Stam-

58) Vgl. Hejcl, 1907, S.4.
59) Vgl. Hejcl, 1907, S.9.
60) Laum, Bernard: *Viehleihe und Viehkapital in den asiatisch-afrikanischen Hirtenkulturen.* 1965, S.47. Siehe auch S.60.
61) Braun, 2001, S.458.

mesgenossen ohne Güter dastehen. Der Extremfall ist der daraus resultierende Untergang des Stammes. Um dies zu verhindern, trachten Stammesgesellschaften danach, die Zahl ihrer Blutsverwandten zu erweitern und somit die Zahl derjenigen zu erhöhen, die helfen *müssen*. Die *Exogamie* wird meistens als Außenverheiratung von Töchtern praktiziert, welche Schwiegersöhne und Schwager ins Netzwerk der gegenseitigen Hilfeleistung einbringen.[62]

Es ist also nicht der Zins, welcher den Leiher zu einer Produktion über das Geliehene hinaus zwingt, was als Sicherung der materiellen Reproduktion und Potenz – vermeintlich vorteilhaft für den Gläubiger und den Schuldner – praktiziert wird, sondern der Zugewinn von hilfspflichtigen Verwandten über die sogenannte Exogamie stellt den primären Überlebenssicherungsmechanismus einer Stammesgesellschaft dar. Wichtig zu erwähnen ist zudem die Tatsache, dass neben der Unauffindbarkeit von Eigentum und Zins auch die neoklassische *Akkumulation* von Gütern auf diesen Kulturstufen unbekannt ist, da über eine Subsistenzproduktion nicht hinaus gedacht wird. Dazu Pierre Clastres:

> In wirtschaftlichen Ablauf einer primitiven Gesellschaft, einer Gesellschaft ohne Staat, gibt es nichts, das die Einführung des Unterschieds zwischen Reichen und Armen erlaubt, denn niemand verspürt hier den absonderlichen Wunsch, mehr zu leisten, zu besitzen, zu scheinen als sein Nachbar. Die bei allen gleich stark vorhandene Fähigkeit, die materiellen Bedürfnisse zu befriedigen, sowie der Austausch der Güter und Dienstleistungen, der fortwährend die private Anhäufung von Gütern verhindert, machen ganz einfach das Reifen eines solchen Wunsches unmöglich, des Wunsches nach Besitz [Eigentum], der letztlich Wunsch nach Macht ist. [63]

Das selbe Prinzip des Nichtvorhandenseins von ‚echtem' Eigentum und deshalb fehlendem Wirtschaftsinstrument *Zins* ist auch im gesellschaftlichen Konstrukt einer reinen Befehlsgesellschaft zu finden. Im Gegensatz zum Stamm besteht die Befehlsgesellschaft aus zwei Kasten, für welche unterschiedliche Überlebenssicherungsmechanismen gelten. Die Landgewährer wie Könige oder adelige Lehnsmänner und die Leibeigenen beziehungsweise Belehnten sind die Konstituenten dieser Gesellschaftsform, welche wie oben beim Stamm ein wirtschaftliches Kollektiv darstellen. Mangels Eigentum[64] kann auch zwischen ihnen kein klassischer

62) Heinsohn/Steiger, 2006, S.156-168

63) Zit. nach Künzli, 1986, S.21.

64) Heinsohn und Steiger betonen, dass der König oder Adelige nicht als Eigentümer missverstanden werden darf, denn „er handelt in Vertretung des letztendlich immer einer Gottheit unterworfenen Besitzerkollektivs", Heinsohn/Steiger, 2006, S.169. Diesem metaphysischen Argument ist nur bedingt zuzustimmen. Es ist richtig, dass innerhalb eines König- oder Kaisertums die Beziehungen zwischen dem Herren und den Leibeigenen keine Vertrags-, sondern eine Befehlsbeziehung darstellten. Im Außenverhältnis zu anderen Fürstentümern

Gläubiger-Schuldner-Kontrakt zustande kommen, der einen Zins evoziert.

Die Befehlsbeziehung zwingt den Leibeigenen zur Gratisarbeit auf dem Gut seines Herren und zur Abgabe eines Teils seiner eigenen Produktion, unabhängig davon, ob die Produktion steigt, fällt oder stagniert. Mehr noch: Ein nicht ausreichend produktiver Leibeigener wird sogar aus der Vorratskammer des Herren unterstützt. Zwar wurde das Vorratshaus durch die Leibeigenen gefüllt, die abgegebenen Produkte stellen jedoch keinen Kredit an den Fürsten dar, denn weder ihre Verzinsung noch ihre Tilgung konnten vorgenommen werden. Nur in Notzeiten darf der Leibeigene auf Unterstützung aus dem Vorratshaus hoffen. Die Füllung der Vorratsreserven funktionierte somit für den Leibeigenen als primärer Mechanismus der Überlebensstrategie, ansonsten ist auch der Feudalismus durch bloße Subsistenzproduktion gekennzeichnet.[65] Die Sicherung seiner materiellen Reproduktion erreicht der Lehnsmann teils noch mittels Exogamie, doch verstärkt durch Zugewinn an abgabepflichtigen Leibeigenen im Wege einer erfolgreichen Bekriegung anderer Fürsten oder Adeliger.[66]

Wie der Stamm, so ist auch die Befehlsgesellschaft eine wirtschaftliche Zweckgemeinschaft. Sie unterscheidet sich aber von Stammesgesellschaften in erster Linie durch den Mangel an moralisch fundierter Hilfsbereitschaft. Das ‚Band des Blutes' ist hier nicht mehr wirksam; zwar existiert noch immer zwischen engen Familienmitgliedern ein ‚biologischer Determinismus', eine enge moralische Solidaritätspflicht zwischen Herren und Leibeigenen ist jedoch nicht mehr gegeben. Aus der ethisch-wirtschaftlichen Dependenz des Stammes ist eine reine wirtschaftliche Dependenz und physische Machtausübung innerhalb der Befehlsgesellschaft geworden. Der Zins als Praxis des Wirtschaftens ist sowohl in der einen als auch in der anderen Gesellschaftsformation unbekannt.

(oder auch einfachen Eigentümern) treten aber die Fürsten als Vertreter Gottes sehr wohl als Eigentümer auf. Häufig werden die Fürsten selbst als Gottheiten verehrt. Zwar kann sich somit der Leibeigene nicht beim Fürsten verschulden und umgekehrt; Schulden und mithin auch Zinsen zwischen den Fürsten sind aber durchaus denkbar. Die Instanz, welche bei Leistungsverweigerung einberufen worden ist, war der Krieg.

65) Vgl. Locke, John: *Über die Regierung*. S.21-39.

66) Heinsohn/Steiger, 2006, S.170-173.

3.2. Eigentumsgesellschaft

> *Der Erste, welcher ein Stück Landes umzäunete, sich in den Sinn kommen ließ zu sagen, dies ist mein, und einfältige Leute eintraf, die es ihm glaubeten, der war der wahre Stifter der bürgerlichen Gesellschaft. Wie viel Laster, wie viel Krieg, wie viel Mord, Elend und Greul, hätte einer nicht verhüten können, der die Pfähle ausgerissen, den Graben verschüttet, und seinen Nebenmenschen zugerufen hätte, Glaubet diesem Betrüger nicht; ihr seyd verlohren, wenn ihr daran vergesset, daß die Früchte euch allen, der Boden aber niemanden, zugehöre.*[67]

Wie schon oben pointiert, ist die Frage nach der Ursache des Zinses ‚genetisch' mit der Entstehung der wirtschaftlichen Kategorie des Eigentums verbunden. Nur mit Hilfe von Eigentum kann sowohl das sozioökonomische Fundament des Zinses als auch dessen psychologisch-moralische Komponente hinreichend verstanden werden. Denn die Entstehung von (Privat-)Eigentum erzeugt auch eine grundlegend neue Gesellschaftsstruktur, welche wiederum eine völlig neue Form des Wirtschaftens nach sich zieht und somit auch das Selbstverständnis der Menschen zu ändern vermag.

Die ökonomischen Kategorien, die hierbei entstehen und erst das Zinsnehmen ermöglichen, heißen *Verpfändbarkeit* und *Belastbarkeit* von Eigentum, die zusammen nach Heinsohn und Steiger als *Eigentumsprämie* bezeichnet werden können.[68] Das psychologisch-moralische Moment, welches den Zins

67) Rousseau, Jean-Jacques: *Abhandlung über den Ursprung der Ungleichheit unter den Menschen.* Berlin, 1756. Neu herausgegeben und mit einer Einführung und Erläuterungen von Ursula Goldenbaum, Weimar, 2000, S.141.

68) Vgl. Heinsohn/Steiger, 2006. Neben dem Zins als Resultat der Eigentumsentstehung entwickeln die Autoren eine genuin neue Wirtschaftstheorie, die neben der neoklassischen *Marktwirtschaft* und der *Geldwirtschaft* der Monetärkeynsianer als *Eigentumswirtschaft* in die Literatur Eingang gefunden hat. Hierbei entwickeln die Autoren den folgenden Verlauf der Entstehung der ökonomischen Größen: Eigentum→Zins→Geld→Markt aus einer weitgespannten Literatur. Da hier leider kein Raum ist, die Theorie in ihrer Ganzheit zu erörtern, werden nur selektiv die für den Zins ausschlaggebenden Ausführungen übernommen. Wie zentral die Verpfändbarkeit und Belastbarkeit von Eigentum für die Autoren und ihre Theorie ist, zeigt der abschließende Absatz ihres beinahe 500 Seiten starken Werkes: "Belasten und Verpfänden von Eigentum sind die Elemente, die dafür sorgen, daß zinsbedienend und in Geld gewirtschaftet wird. Ohne diese Potenzen des Eigentums gibt es nur die bloße Organisation oder Beherrschung der Produktion von Gütern, aber keine Bewirtschaftung von Ressourcen, kurz: keine Wirtschaft.", S.470. Die chronische Gleichsetzung von *Eigentum* und *Besitz* ist für die Autoren der Kardinalfehler innerhalb der bestehenden Wirtschaftstheorien, welcher die Unmöglichkeit einer historisch fundierten Erklärung von Zins und Geld begünstigt.

begründet, ist die Aufweichung des Kollektivismus und die Entstehung eines wirtschaftlichen *Individualismus* oder anders ausgedrückt: die *Individualisierung des Existenzrisikos*.

3.3. Das Eigentum und die Eigentumsprämie

Die historische Entstehung des Eigentums kann von den wirtschaftstheoretischen Implikationen desselben abgekoppelt betrachtet werden, hier ist sie aber für das adäquate Verständnis der sozioökonomischen Hintergründe und der ethisch-moralischen Zins*verbote* hilfreich. Bezüglich der Frage, *wie* und *wann* Eigentum entstanden ist, besteht in der Literatur kein Konsens und es ist nicht das Thema dieser Arbeit, dieser Frage in aller Ausführlichkeit nachzugehen. Heinsohn und Steiger folgend wird davon ausgegangen, dass das Eigentum im heutigen Sinne mit den Potenzen der *Verpfändbarkeit* und *Belastbarkeit*, oder allgemeiner gesagt Sicherheit, keine evolutionistische Entwicklung im Sinne einer langsamen Entfaltung aus der Stammes- oder Befehlsgesellschaft heraus durchlaufen hatte, sondern aus einem klaren Bruch mit bestehenden feudalen Verhältnissen entsprungen ist. Die Entstehung des Eigentums war im doppelten Sinne des Wortes eine Revolution: Erstens als Revolte Leibeigener gegen die feudalen Herren und zweitens die daraus resultierende völlige Neugestaltung der Gesellschaft, welche erstmals in der griechischen *polis* und der römischen *civitas* auf den Breitengraden des Abendlandes zum Vorschein kam. Es war *Romulus*, der Gründer Roms, der eine „Gesellschaft der Gleichen“ durch unparteiische Aufteilung des Landes mittels Losverfahren (*Roma quadrata*) zu konstruieren wusste. Mit diesem Teilungsakt war das Eigentum an Grund und Boden in der okzidentalen Welt angekommen.[69]

Die Institution des Privateigentums ist allerdings wesentlich älteren Datums und schon in der altbabylonischen Zeit fester Bestandteil der Gesellschaftsstruktur. Ob hier ebenfalls ein eindeutiger Bruch mit feudalen Verhältnissen zum Privateigentum führte oder andere Gegebenheiten dasselbe erschufen, verliert sich im Nebel der Zeit und ist heute nicht mehr zu erschließen. Tatsache ist, dass schon zur Zeit Königs Hammubari (1792-1750 v. Chr.) Privateigentum an Grund und Boden vollkommen entwickelt war. Wie erwähnt ist auch hier Privateigentum das neue Element.[70] Aus einer eigentums- und zinslosen Stammes-

69) Vgl. ausführlich hierzu: Heinsohn, 1984, S.30-80; Heinsohn/Steiger, 2006, S.89-140.

70) Vgl. Koslowski, Peter: *Politik und Ökonomie bei Aristoteles*. 1977, S.71-73.

und Befehlsgesellschaft wird erstmals in Babylonien die Eigentumsgesellschaft konstruiert mit für diese Gesellschaftsform charakteristischen Dispositionen des Sozialen und des Wirtschaftlichen:

> Der i n d i v i d u e l l e Mensch, nicht das Geschlecht oder der Stamm, ist in Babylonien das soziale Zentrum, Rechtssubjekt, das verantwortlich ist für seine persönlichen Handlungen. [...] Wie weit Babylonien vom geschlechterrechtlichen Kommunismus sich entfernt hat, beweist uns besonders der I n d i v i d u a l i s m u s d e s P r i v a t v e r m ö g e n s.[71]

Zwei Eigenschaften einer *Eigentums*gesellschaft sind für die Schaffung des Zinses ausschlaggebend. Der rein ökonomische Sachverhalt ist relativ einfach: Die rechtliche Freiheit des Eigentümers auf Belasten, Verpfänden und Verkaufen seines Eigentums lässt erst die Möglichkeit des Zinses, genauer die Sicherheit des Kreditrückflusses, entstehen. Nur durch diese Sicherheit ist der Gläubiger gewillt, *sein* Kapital herzugeben. Keine neoklassische Investitionsmöglichkeit und nicht einmal die so oft bemühte Kapitalproduktivität ist mehr nötig um Zinsen ökonomisch auf den Weg zu bringen. Mit diesem Ansatz ist für die Erklärbarkeit sowohl eines Produktivkredits als auch des reinen Konsumtivdarlehens gesorgt, welches von den im ersten Kapitel beschriebenen ökonomischen Theorien ignoriert wird.[72] Der potentielle Schuldner braucht seine *unternehmerische Kreativität* nicht zu bemühen, mit Hilfe derer er einen Mehrwert über das Geliehene hinaus produzieren *könnte*, um den Gläubiger von seiner Kreditwürdigkeit überzeugen zu können. Das Potential seines Eigentums, pfändbar zu sein, ist hierfür völlig

71) Hejcl, 1907, S.24.

72) Die inhaltliche Differenzierung zwischen einem Produktivkredit und einem Konsumtivkredit ist allerdings alles andere als offensichtlich. Beim erstgenannten wird davon ausgegangen, dass die geliehene Summe investiert wird um einen Mehrwert zu *produzieren*, welcher die geliehene Summe und die entsprechenden Zinsen im Optimalfall übersteigt. Beim Konsumtivkredit bekommt der Schuldner die Summe um Gebrauchsgüter, Dienstleistungen oder Sonstiges zu erwerben, eben zu *konsumieren*. Dieser Kredit muss auch irgendwann zurückgezahlt werden (ob mit oder ohne Zins ist hier unerheblich). Die Frage, die sich hier stellt, ist die, wie (!) der Schuldner das Geliehene zurückerstatten kann. Will er nicht, dass sein Eigentum verpfändet wird, muss er die Summe ersparen und dies kann er nur dann bewerkstelligen, wenn er wiederum irgendwo *produktiv* wird. Er muss an einer anderen Stelle etwas *produzieren* um daraus die Sparleistung zu erbringen. So gesehen ist jeder sogenannte Konsumtivkredit auch gleichzeitig ein Produktivkredit. Umgekehrt verhält es sich ähnlich. Wenn eine getätigte Investition nicht erfolgreich wird (den Erfolg der Investition eines Produktivkredits und den daraus entspringenden Mehrwert setzten die im ersten Kapitel vorgestellten Zinstheorien konkludent voraus), dann wird der Produktivkredit bezüglich der Rückzahlung eben zu einem Konsumtivkredit. Der Zirkelschluss ist dann vollendet, wenn der Schuldner eines gescheiterten Produktivkredits in anderen Bereichen der Wirtschaft wieder produktiv werden muss um, den zu einem Konsumtivkredit gewordenen Produktivkredit zurückzuzahlen.

ausreichend. Im Rahmen dieser Argumentation muss selbstredend ein entsprechendes Rechtssystem, welches Eigentum einklagbar und pfändbar macht, implizit vorausgesetzt werden.

Solange eine Gesellschaft auf Privateigentum aufgebaut ist, welches im Kreditkontrakt verpfändbar und belastbar ist, existiert die für den Zins relevante Größe: die *Eigentumsprämie*. Bei Belastung seines Privateigentums im Kredit verliert der Gläubiger seine Eigentumsprämie, wofür der Schuldner mit einer Abgeltung in Form von Zinsen aufkommen muss.[73] Diese immaterielle Prämie ist nichts anders als eine exklusive Rechtlichkeit; das Recht *frei* über sein Eigentum zu verfügen, spezifischer gesagt, es belasten, verpfänden und verkaufen zu können. Die zeitweilige Aufgabe dieser Eigentumsrechte muss, so Heinsohn und Steiger, durch Zinsen seitens des Schuldners kompensiert werden. Ein Schuldner muss im Gegenzug sein Eigentum verpfänden, um überhaupt an einen Kredit herankommen zu können. Dabei verliert auch er die Eigentumsprämie auf Zeit, gewinnt aber die Liquidität, mit deren Hilfe er bemüht sein wird einen Profit zu erwirtschaften.

Heinsohn und Steiger verstehen nun diese ‚Prämie' als die *Ursache* des Zinses. Allerdings unterscheidet sich diese grundsätzlich nicht von der Keynsianischen Liquiditätsprämie, die zweifelsohne als inspirative Vorlage diente. Dort war es die Abgabe von Geld, hier ist es die Abgabe von Eigentum, welche zum Zinsnehmen befähigt. Es ist als richtig zu verbuchen, dass das Eigentum letztendlich das ökonomische Fundament dieses Prozesses darstellt, das heißt, dass erst die Verpfändung von Schuldnereigentum als Sicherung der Refundierung eine Kreditwilligkeit seitens des Gläubigers entstehen lässt. Das Eigentum mit seinen Potenzen kann folglich als die *Quelle* des Zinses adressiert werden. Die *Ursache*, warum G von S Zinsen verlangt, bedarf darüber hinaus noch einer sozialpsychologischen oder ethisch-ökonomischen Begründung: Es ist die Abwendung vom Kollektiv und die daraus entspringende *Freiheit des Individuums*, die eine neue Art des ökonomischen Miteinanders hervorbringt. Denn die Eigentumsprämie an sich hat keinen wie auch immer gearteten und durch einen Zins zu kompensierenden Selbstzweck. Das Eigentum und seine Charakteristika sind nur Mittel für ein bestimmtes Begehr, welches zuvor kollektiv und nun hauptsächlich individuell zu erreichen gesucht wird. Wenn die Versuche zur psychologisch-ethischen Rechtfertigung des Zinses aus dem er-

73) Vgl. ausführlich dazu: Heinsohn/Steiger, 2006, S.89-219; Heinsohn, 1983. Wie schon an der Wortwahl ersichtlich, ist die inhaltliche Ähnlichkeit der *Eigentumsprämie* und der *Liquiditätsprämie* von Keynes unübersehbar.

sten Kapitel nochmals in Erinnerung gerufen werden, wird klar, dass solche im Prinzip nicht vorhanden sind. Vielmehr kann die Frage, warum jemand jetzt von seinem Mitmenschen ein Mehr über das Geliehene hinaus verlangen *darf*, mit der einfachen, trivial anmutenden Einsicht beantwortet werden: *Weil er kann!*

Mit dem vorher erwähnten Teilungsakt des Romulus von Grund und Boden verliert nämlich der neu entstandene Eigentümer einerseits die traditionellen Kollektivsicherungssysteme, bekommt andererseits aber das Recht auf unbegrenzte Disponierbarkeit seines Eigentums. Das soziale Selbstverständnis des Menschen entwickelt ab hier einen völlig neuen Modus, der in seiner Extremausprägung ein *wirtschaftlicher Naturzustand*[74] ist. In diesem wirtschaftlichen Naturzustand muss der Einzelne[75] etwas für seine Existenzsicherung tun. Tritt ein Notfall ein, kann das Individuum nicht mehr auf die Hilfe der Stammesgenossen oder auf die Vorratskammer seines Herrn zurückgreifen; ein neuer Überlebenssicherungsmechanismus tritt in Kraft: *die eigennützige Vermehrung seines Eigentums*,[76] welche als die gesuchte *Ursache* des Zinses gesehen werden muss.

> Der i n d i v i d u e l l e Mensch, ebenso wie er dem Stamme nichts mehr schuldet, kann von ihm nichts erwarten; er ist eben auch in dem Suchen der Hilfe individuell, d.h. alleinstehend, isoliert geworden.[77]

Ein *Mittel* zur Erfüllung dieser neuen Notwendigkeit ist das Zinsnehmen, was bedeutet, sich als Individuum in einer ab jetzt von Konkurrenz gezeichneten Umwelt in Relation zu anderen besser zu positionieren, um mit mehr Eigentum

---

74) Dieser *wirtschaftliche Naturzustand* kann als Analogie zum vorgesellschaftlichen *Naturzustand* von Hobbes verstanden werden. Hobbes begriff das menschliche Zusammensein in seiner Grundform als „Krieg aller gegen alle". Das Menschenbild kondensierte Hobbes berühmt gewordenes Postulat „homo homini lupus", was zumindest in der heutigen Wirtschaftsgesellschaft als durchaus beobachtbar gelten kann. Dagegen kritisierte Shaftesbury die von Hobbes postulierte negative Primäreigenschaft des Menschen und behauptete, dass Altruismus und Opferbereitschaft für den Mitmenschen die natürliche, ursprüngliche Eigenschaft der Menschen sei. Erst durch die Entwicklung bestimmter, der Natürlichkeit des Menschen zuwiderlaufender Kulturformationen entstehe so etwas wie der vorherrschenden Egoismus unter den Menschen. Hier kann dieser Kulturzustand mit der Entstehung der Eigentumsgesellschaft gleichgesetzt werden, wodurch auch das Zitat Rousseaus am Beginn des Kapitels verständlich wird.

75) Selbstverständlich ist das Individuum auch hier als Teil eines Kollektives zu sehen, welches jedoch bis auf engste Familienmitglieder heruntergebrochen werden kann.

76) Dieses ‚erste Eigentum', welches bei der Landverteilung durch Romulus entstand, kann als die neoklassische Erstausstattung verstanden werden.

77) Hejcl, 1907, S.26.

mehr Sicherheit zu erhalten. Aus diesem Blickwinkel werden auch unergründliche Handlungen mancher Individuen verständlich, welche Akkumulation von Eigentum und Kapital als Selbstzweck praktizieren und vermeiden dasselbe zu konsumieren. Die (unbewusste?) Angst, im Notfall ohne Hilfe dazustehen, treibt das Subjekt zur Reichtumsakkumulation, welche als Ersatz zur blutsverwandtschaftlichen Hilfsbereitschaft des Stammes und der wirtschaftlichen Zweckgemeinschaft der Befehlsgesellschaft dient. Nur das individuelle, gut gefüllte ‚Vorratshaus' kann die Sicherheit der vergangenen gesellschaftlichen Konstellationen ersetzen. Es ist somit nicht die abgegebene Sicherheit von Keynes, die das Individuum zum Zins verleitet, sondern der Wunsch, durch mehr Eigentum auch mehr Sicherheit zu bekommen, bildet die Grundlage des Zinses.

Zusammenfassend kann festhalten werden, dass die aus der Eigentumsentstehung resultierende *Freiheit des Individuums*,[78] der *Zwang zur individuellen Existenzsicherung* (Ursache) und die *Exklusivität der Rechtlichkeit* über das Eigentum (Quelle) gemeinsam die Prämissen darstellen, welche zusammen zu dem Phänomen der Zinsnahme führen. Allerdings wird nicht nur der Zins als neues Wirtschaftsinstrument durch die erwähnten Sachverhalte angestoßen; Fortschritt im Allgemeinen speist sich aus derselben Quelle, welche dem Individuum Einfallsreichtum, Wirtschaftlichkeit und Eigeninitiative abverlangt und es dafür gleichzeitig mit dem sicheren Lohn seiner Errungenschaften prämiert.[79] Dieser Lohn muss immer in Relation zum verlorenen Kollektivismus mit seinem spezifischen, konkurrenzlosen Sicherungssystem gesehen werden.

---

78) Hinsichtlich des aufkommenden Kapitalismus und der in seinem Kielwasser mitschwimmenden Probleme bemerkt Gronemeyer, 2007, treffend: „Der Preis der Freiheit ist also zu zahlen - bleibt die Frage: Wie hoch darf er sein?", S. 213.

79) Diese Vorteile des Privateigentums gegenüber dem Kollektivismus hat schon Aristoteles geahnt, indem er den teilweisen Besitzkommunismus des Platonischen Idealstaates ablehnt. Nur wenn das Individuum auch den Ertrag als Lohn seiner Anstrengungen erwarten darf, kann von ihm auch Initiative, Kreativität und Innovationsdrang erwartet werden. „Zwei Dinge erwecken vor allem die Fürsorge und Liebe des Menschen: das Eigene und das Geschätzte. [...] Man erreicht bessere Resultate, wenn sich jeder um Eigenes kümmert." ‚Pol, 1262 b-1264a; siehe auch Koslowski, 1979, S.31-33. Im Grunde genommen ist es die rechtstaatliche Ausgestaltung der ökonomischen Sphäre, welche die Triebkraft des Wachstums darstellt. Die Möglichkeit, Patente anzumelden und gewissermaßen Monopole zu schaffen, aus welchen der Lohn der eigenen geistigen oder körperlichen Taten gezogen wird, stellt den Grund für Innovationen und den technischen Fortschritt dar. Dabei ist die genuin menschliche Eigenschaft der Kreativität als die sine qua non-Bedingung dieses Prozesses zu sehen. Die Frage, die hier allerdings aufgeworfen wird, ist, ob der Mensch auch unter anderen, weniger individualistischen Strukturen des Zusammenseins seine Kreativität für eine direkte Art des Allgemeinwohls (das eigene Wohl inbegriffen) zu bemühen bereit wäre. Anthropologisch ist die Möglichkeit gegeben; die Eigenart der menschlichen Eitelkeit wäre wohl die Haupthürde, die dabei überwunden werden müsste.

Der (erste?) Übergang zwischen den zwei Gesellschaftssystemen, dem Kollektivismus der Stammes- und Befehlsgesellschaft und dem Individualismus der Eigentumsgesellschaft, ist zumindest für die abendländische Kultur teilweise gut dokumentiert. Der griechische Dichter Hesiod (ca. 700 v. Chr.) lebte in einer Zeit, in der der Übertritt zur Eigentumsgesellschaft zwar schon vollzogen war, die alte Gesellschaftsordnung jedoch im Kollektivgedächtnis noch fest verankert blieb. Ähnlich wie heute manche ehemaligen Bürger der sozialistisch geprägten Staaten vom ‚*Damals*' schwärmen und Sicherheit und Harmonie der vergangenen Systeme loben, preist Hesiod das vergangene Zeitalter der Stammesgemeinschaften als das ‚*Goldene Zeitalter*' und beklagt sein eigenes, durch harte Konkurrenz und Opportunismus gekennzeichnetes Dasein als das ‚*Eiserne Zeitalter*'. Die Mühsal des ungesicherten Lebens eines zu seiner Zeit frei wirtschaftenden Einzelbauern, im Gegensatz zu einer Produktion unter Einbindung in eine Stammesgemeinschaft oder despotische Wirtschaftsgemeinschaft, wird von Hesiod in der Schrift *Werke und Tage* festgehalten, welche, in Versform abgefasst, als das älteste wirtschaftstheoretische und wirtschaftshistorische Werk gelesen werden kann.[80] Dort erkennt Hesiod unter anderem die Tatsache, dass die Menschen noch immer nebeneinander, aber nicht mehr miteinander leben und keine stammesfundierte Solidariditätsgemeinschaft bilden, sondern jetzt vielmehr als Wirtschafts*subjekte* ohne zu erwartende stammesverwandtschaftliche Hilfeleistungen agieren:

> Das ist die Regel, die gilt für das Saatland ...
> ... wenn du willst, daß zu ihren Zeiten
> Demeters (Erntegöttin) Werke du alle besorgst, auf daß dir ein jedes
> Zu seiner Zeit aufwächst, daß du später nicht etwa im Mangel
> Dich in den Höfen der anderen herumdrückst. Und du bekommst nichts.
> So wie du jüngst zu mir kamst. Doch ich werde dir gar nichts mehr schenken
> Und keinen Scheffel mehr leihen. Törichter Perses, ...
> Daß du nicht einst mit Weis und Kindern, Kummer im Herzen,
> Bettelst um Brot ringsrum bei den Nachbarn, die aber wegsehen.

Selbst unter Blutsverwandten ist die vertrauensbasierte Norm und Sitte des Stammes zur Zeit der frühen Eigentumsgesellschaft nicht mehr bedingungslos zu finden:

80) Schefold, Bertram: *Platon und Aristoteles*. In: Starbatty, Joachim (Hrsg.): *Klassiker des ökonomischen Denkens I.*, 1989, S.20.

Und auch beim Bruder, mit Scherz, aber doch einen Zeugen hinzuziehen.
Zutrauen hat schon genauso wie Misstrauen Männer vernichtet.
...
Nicht ist der eigene Bruder mehr lieb, wie es früher gewesen
Bald missachten sie dann ihre altersgebeugten Erzeuger.

Der individualisierte freie Mensch muss an anderen Strategien der Existenzsicherung arbeiten:

Doch wer nahe dir wohnt, den lade am meisten zum Mahle,
Denn wenn unverhofft ein Unglück im Dorf dir begegnet,
Gurtlos kommen die Nachbarn, die Vettern gürten sich erst noch
Laß gut messen von Nachbarn, und gibs ihm reichlich gemessen heim im selbigen Maß,
Ja besser noch, wenn du es tun kannst, daß du in Zeiten der Not auch später das Nötige findest.

Und schließlich wird den Menschen in der neuen subjektbezogenen, eigenständigen Gesellschaftsordnung düsteres Dasein prophezeit:

Und niemals bei Tage
Werden sie ruhen von Mühsal und Weh, und niemals zur Nachtzeit
Sind sie verschont und die Götter verleihen dann quälende Sorgen.[81]

Die frischgebackenen freien Eigentümer vermissen eben das, was die Stammesgenossen verband. Dafür haben sie jedoch die Aussicht auf den ganzen Lohn ihrer individuellen Anstrengung.

81) Hesiod: *Werke und Tage*. 1996, 288-380.

4. Der Zins in der griechischen Antike: Platon und Aristoteles und die philosophische Ächtung

Wie zahlreich sind doch die Dinge, deren ich nicht bedarf! Wer am wenigsten bedarf ist den Göttern am nächsten. (Sokrates)[82]

Auch Jahrhunderte nach Hesiod, als die Geld- und Kreditwirtschaft des klassischen Griechenlands und die ökonomische Pragmatik des Zinsnehmens weit entwickelt war, wurde eine diesbezügliche Akzeptanz noch keineswegs durchgesetzt und selbstverständlich. Die Umstände, die das neue System im Schlepptau mitzog, manifestierten sich stark in der philosophischen Ablehnung desselben. Größen wie Platon (428-349) und Aristoteles (384-322), welche selbst den gegenwärtigen ökonomischen Theorien erste Vorlagen lieferten,[83] standen dem Zins äußerst ablehnend gegenüber. Platon lehnt den Zins an mehreren Stellen seiner Werke ab, Aristoteles nur an einer, welche jedoch analytische Schattierung aufweist und deshalb ungleich mehr Einfluss auf die Zinsdebatte der Zukunft ausüben wird als die Ausführungen seines Mentors. Spätere Bemerkungen der Antike bezüglich des Zinses stellen allesamt entweder Paraphrasen oder Zusammenfassungen der platonischen und aristotelischen Argumentationen dar,[84] weshalb die folgenden Ausführungen auf diese zwei

82) Zit. nach Weischedel, Wilhelm: *Die philosophische Hintertreppe*. 1997, S.31.

83) Beispielsweise der Fall der *Spezialisierung*: Allgemein wird in den Wirtschaftswissenschaften die *Spezialisierung*, welche absolute (später *komparative*; Ricardo) Vorteile erschafft, auf Adam Smith (1723-1790) zurückgeführt. Es ist richtig, dass Smith diesen Gedanken auf „analytische, technische" Art aufgearbeitet hatte, die Idee wurde jedoch schon 2000 Jahre vorher von Platon pointiert geäußert: „Hiernach [mit Hilfe der Spezialisierung] wird alles reichlicher zustande kommen und schöner und leichter, wenn einer eines seiner Natur gemäß und zur rechten Zeit, mit allem anderen unbefasst, verrichtet.", Politeia, 370 a-e. Platon wird von Smith nicht explizit erwähnt, dass er aber zumindest als inspirative Vorlage diente, ist hochgradig wahrscheinlich. Den Zusammenhang der Teilung des modernen Arbeitsprozesses mit dem Gedanken Platons erkennt auch Schefold 1989, S.26. Irritierender Weise interpretiert er diese Spezialisierung dahingehend, dass Platons Ausführung nur auf die Qualität, nicht auf die Quantität der erzeugten Produkte abzielt und somit einem ganz anderen Ziel dient als die modernen Wirtschaftstheorien hinsichtlich der Produktivitätssteigerung. Dieser unbegründeten Interpretationsweise ist zu widersprechen, denn auch für Platon war klar, dass Spezialisierung nicht nur der Qualität, sondern insbesondere auch der Quantität der Produkte zuträglich ist; sprich die Produkte „reichlicher zustande kommen" werden als ohne Spezialisierung. Einen noch größeren Einfluss auf die ökonomische Nachwelt hatte Aristoteles. Seine Erklärung der Geldentstehung zum Zwecke der Transaktionskostenminimierung, Werterhaltung und Wertbemessung, hat bis heute Gültigkeit und stimmt mit der modernen Geldtheorie weitgehend überein, Vgl. Koslowski, 1979, S.56-63.

84) Vgl. Waldmann, Helmut: *Das Zinsverbot in Antike und Christentum.* Vortrag vom 13. Juni 2004 vor dem Forschungsseminar des Instituts für Alte Geschichte, Universität Tübingen 2004, S.6.

Denker der Antike beschränkt werden können. Dabei werden die Ausführungen von Aristoteles größeren Raum einnehmen, da sie durch den analytischen Charakter auf die ökonomische Argumentationsstruktur der Nachwelt immensen Einfluss ausübten und Aristoteles selbst von vielen modernen Wissenschaftlern als der Begründer der theoretischen Ökonomie ausgelegt wird.[85]

Vorab muss berücksichtigt werden, dass das ausgehende 4. Jahrhundert der griechischen Antike bezüglich seiner Wirtschaftstruktur durchaus mit dem heutigen Begriffsinventar beschreibbar ist.[86] Selbstredend ist die Komplexität der Volkswirtschaft zu Platons und Aristoteles Zeiten nicht mit der heutigen wirtschaftlichen *Über*komplexität zu vergleichen. Grundlegende Axiome – welche auch das Fundament der modernen Theorien bilden – wie unter anderem die Produktivität des Kapitals, Spezialisierung, die Funktion des Geldes und der Zinsen sind allerdings für die Antike als Offensichtlichkeiten zu postulieren. Vor allem ist die Praxis des Zinses damals schon eine Selbstverständlichkeit, weshalb es bei der Kritik der Philosophen am Zins zu beachten gilt, dass hier nicht die Rede von einer völligen Neuerung ist, welcher mit Unverständnis begegnet und die deshalb abgelehnt wurde.

Auch der Einwand, das antike Griechenland kannte, wenn überhaupt, nur Konsumtivkredite, welche über Zinsen die in Armut geratenen noch ärmer machte und aus diesem Grunde auf Ablehnung bei der Bevölkerung und den Philosophen stieß, ist eine Übersimplifizierung der relativen ökonomischen Komplexität der Antike und kann als widerlegt betrachtet werden.[87] Sowohl zu Platons als auch zu Aristoteles Zeiten war das Wissen um gewinnbringende Investition und damit verbundene Kredite vorhanden, was zum Beispiel in der Geschichte von Thales zugespitzt zum Vorschein kommen wird.

85) Vgl. Gronemeyer, 2007, S.33; Schefold, 1989, S.53.

86) Vgl. Burri/Schwarz: *Der Zins vom Standpunkt der christlichen Ethik, der Moral und der Volkswirtschaft*, 1935, S. 10-20.

87) Zur ausführlichen Beschreibung der antiken Wirtschaft und dem Streit Modernismus vs. Primitivismus hinsichtlich der antiken Ökonomie: Gronemeyer, Matthias: *Profitstreben als Tugend. Zur politischen Ökonomie bei Aristoteles*. 2007, S.21- 82.

4.1. Platon

Platon, den Goethe als „Weggenossen einer christlichen Offenbarung“[88] bezeichnete und hinsichtlich welchem sich der Neupythagoräer Numenios von Apameia fragte, „Was ist Platon anderes als ein attisch sprechender Moses?“,[89] äußert seine implizite Ablehnung des Zinses erstmals in seiner Staatsschrift *Politeia*. Dort heißt es:

> Und da drücken sich dann die Geldmacher herum, wagen es nicht, ihnen in die Augen zu sehen und leihen den noch Übriggebliebenen, jedem Wankenden, Geld und saugen ihn aus, indem sie ein Vielfaches an Zinsen nehmen, als sie an Kapital gegeben haben, und machen so die Zahl der Drohnen und der Armen groß im Staate.“ [90]

Interessant an dieser Passage ist das erstmalige Postulat einer impliziten Bewusstheit der Zinsnehmer von *richtig* vs. *falsch*, von *gut* vs. *schlecht*.[91] Denn der Ausschnitt „wagen es nicht, ihnen in die Augen zu sehen“ ist dahingehend zu verstehen, dass die Geldverleiher sich des Unrecht-Tuns durchaus bewusst sind. Die *Plenoexia*, das unvernünftige und ziellose Streben nach Mehr, sei bei ihnen jedoch stärker als der Wille zur Gerechtigkeit und somit vermögen sie nicht dem Schuldner ‚mit gutem Gewissen in die Augen zu sehen'. Dieser von Platon überlieferte literarische Kunstgriff der immanenten Bewusstheit von der Falschheit des Zinsverlangens ist in den nachfolgenden Jahrhunderten mehrfach wiederverwendet worden, so dass neben Persius (34-62), Dante, Rossetti und – auf bestechend subtile Weise orthographisch verfremdet: ‚*Shylock*' – Shakespeare dem Zinsnehmer Bewusstheit und daraus resultierende Scham ihrer moralisch verwerflichen Handlung zusprechen.[92]

Was in der *Politeia* und später in Gesetzesform in *Nomoi* von Platon intendiert wurde, kann als die Verbalisierung und Kodifikation der damalig noch wirksamen Sitten und Gewohnheiten, allgemeiner gesagt, des Wirtschaftsgeistes der Antike gelesen werden, welcher zu dieser Zeit noch die Erinnerung an die Solidaritäts- und Hilfsstrategie von Sippe und Stamm oder Feudalismus verinnerlicht hatte. Das griechische Wirtschaftsleben sollte nach Platon wieder geordnet und eine Verselbststän-

88) Schefold, 1989, S. 28.
89) Klingenberg, 1982, S.100.
90) Platon: *Politeia*. 555e-556.
91) Aristoteles definiert später den Menschen als ein vernunft- und sprachbegabtes Wesen. Diese einzigartige Begabung des Menschen qualifiziert ihn, sich „das Nützliche und das Schädliche und so denn auch das Gerechte und das Ungerechte anzuzeigen“, Aristoteles *Politik*, 1253 a 14. Interessanterweise findet sich diese die menschliche Erkenntnis objektivierende Aussage auch in der Bibel wieder: „Dann sprach Gott, der Herr: Seht, der Mensch ist geworden wie wir; er erkennt Gut und Böse“, Mose 3, 22. Ob Aristoteles das Alte Testament kannte ist ungewiss.
92) Vgl. The Loebs Classical Library: *Plato VI, Republic II*. 1935, S.280.

digung des neuen ökonomischen Prozesses verhindert werden.[93] Es ist dieser neue, zügellose Prozess – und somit die schon weit entwickelte Eigentumsgesellschaft –, welchem die Ursache für die Kluft zwischen Arm und Reich zugeschrieben wird und der daher durch ein Personal mit einem Blick für die Ganzheitlichkeit, durch Spezialisten für das Gute und Richtige, reguliert und im Zaum gehalten werden sollte. Es muss betont werden, dass Platon nicht den Kapitalismus *per se* – oder wie die frühe Form des Systems auch immer genannt werden kann – als die Ursache der gegebenen Missstände betrachtet. Dieser bildet aber die optimale Plattform für die Anschwellung der dem Menschen anscheinend inhärenten Charaktereigenschaft der *Pleonexia*; der Neigung zum „Immer-Mehr-Haben-Wollen". Das Menschenbild, das Platon annimmt, ist ein äußerst negatives: Das durch Triebe, Affekte und Begierden gesteuerte Dasein der *Mehrheit* muss durch die wenigen, die zur Einsicht über das Gute und Erstrebenswerte fähig sind, gesteuert und geregelt werden. Deshalb ist Platons *Idealstaat*[94] durch die *Herrschaft der Philosophen* geprägt, welche die nötigen Voraussetzungen einer adäquaten Staatsführung mit sich bringen und die schlechten von den guten Eigenschaften des Menschen zu differenzieren und zu fördern vermögen beziehungsweise zu dämpfen wissen.[95] Zinsen, als ein Teil der kapitalistischen Wirtschaftsweise und ein der *Plenoexia* Vorschub leistendes Instrument, sollten durchweg verboten werden.

Dieses explizite Zinsverbot findet sich in Platons späterer Schrift *Nomoi* (Gesetze) wieder, welche als Darstellung eines womöglich realisierbaren „zweitbesten Staates"[96] neben dem besten, aber unrealisierbaren utopischen Idealstaat (Politeia) zu lesen ist.[97]

93) Vgl. Schefold, 1989, S.30-33.

94) Dieser Staat ist nach einer Art Semi-Kommunismus strukturiert. Die nach Wahrheit und Erkenntnis strebenden Philosophen bilden die herrschende Klasse. Die durch Mut herausragenden Krieger und Wächter schützen den Staat nach Innen und Außen. Die dritte, durch Triebe und Affekte beherrschte Kaste sorgt für die materielle Reproduktion des Staates. Die erste und zweite Klasse besitzen kein Eigentum und wollen ein solches auch nicht, denn die materiellen „Freuden" des Lebens sind ihnen zuwider. Die dritte Klasse darf zwar Eigentum besitzen, aber durch die Steuerung der Philosophen werden Maßlosigkeit, Gier und Ungerechtigkeiten im Zaum gehalten. (Diese kurze Charakterisierung der *Politea* wird der Komplexität und Akkuratheit dieses Werkes nicht annähernd gerecht.)

95) „Wenn nicht, sprach ich, entweder die Philosophen Könige werden in den Staaten oder die jetzt so genannten Könige und Gewalthaber wahrhaft und gründlich philosophieren und also dieses beides zusammenfällt, die Staatsgewalt und die Philosophie, die vielerlei Naturen aber, die jetzt zu jedem von beiden einzeln hinzunahen, durch eine Notwendigkeit ausgeschlossen werde, eher gibt es keine Erholung von dem Übel für die Staaten, lieber Glaukon, und ich denke auch nicht für das menschliche Geschlecht.", *Politeia*, 473 c-e.

96) Klingenberg, 1982, S.103.

97) Vgl. auch Schefold, 1989, S.29.

> Auch soll man kein Geld bei jemandem hinterlegen, dem man nicht traut, und auch nicht gegen Zins ausleihen, weil es dem, der es sich geliehen hat freisteht, überhaupt nichts zurückzuzahlen, weder den Zins noch das Kapital.[98]

Bei einem Darlehen, das gegen Zins gestattet wurde, soll demnach dem Kreditgeber kein Rechtsanspruch auf Zinsen, ja nicht einmal auf die Rückzahlung des Kapitals gewährt werden. In allen anderen Fällen eines ‚normalen' zinsfreien Darlehens kann der Gläubiger das Geliehene kraft Gesetzes zurückverlangen. Dieses generelle *Zinsverbot*[99] Platons hat in keinem positiven Gesetz Griechenlands ein Vorbild. Antike Parallelen eines kategorischen Verbotes finden sich nur in der *Tora*, auf welche später ausführlich eingegangen wird.[100] Ob Platon das Verbot der *Tora* gekannt und sich von dieser beeinflussen ließ, ist nicht bekannt.

Was ist nun der Grund für diese Ächtung des Zinses? Es ist, vereinfacht gesagt, die zunehmende Verschuldung und Verarmung auf der einen und der übermäßige, in keinem Verhältnis zur Leistung stehende Reichtum auf der anderen Seite, die für Platon augenscheinlich das Resultat der neuen Art der Wirtschaft und mithin des Zinsnehmens sind, welche nicht nur vor dem Hintergrund eines platonischen Idealstaates mit seiner intrinsischen sozialen Kohäsion und eingeschränktem Privateigentum, sondern vor allem auch in der beobachteten Realität abzulehnen sind. Und die Realität des klassischen Griechenlands des 4. Jahrhunderts v. Chr. ist durch Auswüchse oligarchischer Geschäftspraktiken geprägt - die Zinshöhe für die Antike liegt zwischen 4 und 60 %[101] –, auf Grund derer die herrschende Klasse immense Zinsgewinne einstreichen und die Differenz zwischen Reich und Arm immerzu ausweiten konnte. Dem dadurch entstandenen

98) Platon: *Nomoi*, 742c 4-6.

99) Vgl. Klingenberg, 1977, S.104-106. Die Literatur spricht im Falle von Nomoi 742c 4-6 von einem Verbot der Zinsen, vgl. Klingenberg 1977, S.100; Schöpsdau, 2003, S.324. Wenn allerdings begriffliche Klarheit angestrebt wird, dann muss zugegeben werden, dass es sich hierbei nicht um ein Verbot handelt, sondern nur eine Sanktion des Zinsnehmers angestrebt wird. Es ist damit nicht gesagt, dass jemand, der Zinsen verlangt, wegen dieser Handlung auch bestraft werden sollte. Nur falls ein Schuldner die Zinsen und das Kapital nicht zurückzuzahlen kann oder will, kann der Gläubiger diese nicht einklagen. Diese Tatsache scheint auch Werner zu erkennen, wenn er über die „Missbilligung" des Zinsnehmens bei Platon und Aristoteles spricht. Vgl. Werner, Klaus: *Das israelische Zinsverbot. Seine Grundlagen in Torah, Mischnah und Talmud.* 1997, S.11.

100) Vgl. Klingenberg, Eberhard: *Das israelische Zinsverbot in Torah, Misnah und Talmud*, S.14. In: *Abhandlungen der geistes- und sozialwissenschaftlichen Klasse.* 1977.

101) Vgl. Der Kleine Pauli, S.1535. Klingenberg, 1977, gibt für Platons Zeiten einen mittleren Zinssatz von 12 % an, S.101. Gronemeyer, 2007, S.55, für die Zeit Aristoteles gelten folgende Zinssätze: Seedarlehen bis zu 90 % p.a.; Bankeinlagen 10 %; Grundrente 10-12 %, weniger besicherte Anlagen 16-18 %.

Oligarchentum war es möglich, die staatlichen, auf das Allgemeinwohl gerichteten Aktivitäten zu untergraben, welche auf das „gute und glückliche" Leben aller Bürger zielten.[102] Dass Geldverleih und mithin Zinsnehmen nicht, wie die im ersten Kapitel vorgestellten Theorien (Produktivitätstheorie, Neoklassik) annehmen, über eine gelungene Investition immer zu einem Mehrwert führen, aus dem dann Zinsen für den Gläubiger und möglicherweise auch Gewinn für den Schuldner resultiert, sondern durch *Eigentumspfändung* das Arm- und Reich-Gefälle noch stärker wird, war bereits damals der Dreh- und Angelpunkt der Kritik am Zinsnehmen.[103]

Die Aufhebung dieser großen sozialen Gegensätze ist für Platon eine notwendige Bedingung des sozialen Friedens und gesellschaftlicher Prosperität, welche wiederum selbst Bedingungen darstellen, unter denen Menschen nach dem ‚wahren Guten' streben können.[104] Darlehenszinsen, als eines neben zahlreichen anderen verschmähten Kreditgeschäften, sind diesem Ziel nicht zuträglich und deshalb abzulehnen. Denn Reichtum nur um des Reichtums Willen, also eine *zweckentbundene* Kapitalakkumulation, ist das, was Platon ablehnt. Zwei Möglichkeiten einer Eindämmung der Zinspraktiken werden von ihm schon in der *Politeia* vorgeschlagen: gesetzliche Verfügungsbeschränkungen bezüglich des eigenen Vermögens oder die Gestaltung der Darlehen als Naturalobligation, welche den gegebenen Missständen entgegenwirken sollen:

102) Waldmann, 2004, S.2, merkt dazu an: „Wir haben hier die gewichtigste Argumentation der Antike gegen die Erlaubtheit des Zinsnehmens vor uns, indem Platon leg. 5,742 D-E die Alternative Staat oder Kapital anklingen lässt - wenn auch noch nicht mit der Radikalität, mit der wir vor dem Hintergrund der geschichtlichen Entwicklung der letzten zwei Jahrhunderte die *Ausschließlichkeit* der Alternative *Staat* oder *Kapital* erkennen und ausformulieren können." Siehe dazu *Nomoi*, 742 c-e. Platon hatte die *Herrschaft der Dreißig* (Terrorherrschaft einer Gruppe von 30 Oligarchien von 403-404 v. Chr.) miterlebt, wodurch er die Erfahrung machte, was es heißt, wenn reiche Machthaber ohne Kompetenzen und Willen zu einer guten und sinnvollen Staatsführung die Staatsmacht übernehmen. Die Parallelen zum heutigen Einfluss reicher Wirtschaftssubjekte auf Regierungsentscheidungen und Parteiprogramme und dem Einfluss des *freien* Marktes auf die Politik insgesamt sind bemerkenswert.

103) Um so verwunderlicher wird der Blick auf die „modernen" Theorien, die mit augenverschließenden Annahmen im Grunde postulieren, dass durch Geldverleih über Investition immer ein Mehrwert zustande kommt.

104) Das „wahrhaftig Gute", wonach jeder nach seinen Möglichkeiten wirklich im Leben streben sollte, sind bei Platon nicht die materiellen Bedürfnisse des Lebens (diese sind eher eine Last), sondern die *Selbsterkenntnis* des Menschen, die Suche nach dem, was der Mensch ist, wie er sein soll. Diese Punkte sind das Programm der Philosophie Platons.

> Und weder auf jene Weise wollen sie dieses schon auflodernde Unheil löschen, daß sie Schranken setzen, damit nicht jeder ganz nach Gutdünken mit dem Seinigen schalte[...]. Denn wenn man anordnet, daß jeder die meisten solcher freiwilligen Handelsverträge auf seine eigene Gefahr abschließen muß: so werden sie in der Stadt schon minder schamlos Wucher treiben.[105]

Als Eindämmungsversuche für die durch Wucherpraxis erzeugten Ungerechtigkeiten wurden schon vor Platon in der griechischen Frühzeit sogenannte *Verkaufs-, Belastungs- und Verpfändungsgrenzen* für das Eigentum eingeführt, welche jedoch die Eigentumskonzentration bei den Individuen, die erfolgreicher zu *wirtschaften* wussten als andere, nur verlangsamten und nicht aufzuheben vermochten.[106] So konnte schon im Jahre 104 v. Chr. ein Volkstribun mit Bedauern feststellen: "In unserem Staate gibt es keine zweitausend Menschen, die Privateigentum besitzen."[107] Die genannte Verfügungsbeschränkung über das Privateigentum taucht in den späteren Gesetzesschriften Platons indirekt in Form einer relativen obersten Grenze wieder auf, die festlegt, wie viel ein Bürger sein Eigen nennen darf, gekoppelt mit einem absoluten Verbot des Veräußerns und Erwerbens von Land.[108]

An der rechtlichen Unklagbarkeit eines auf Zinsen ausgerichteten Darlehens hält Platon, wie gezeigt, auch in den *Nomi* fest, obwohl seine Ausführung über die gesetzliche Ausgestaltung eines Werkvertrages von manchen Autoren als Abkehr beziehungsweise Umgehungsmöglichkeit des generellen Zinsverbotes interpretiert worden ist.[109]

> Wer nämlich eine fertige Arbeit entgegennimmt und dann den Lohn nicht innerhalb der vereinbarten Zeit entrichtet, von dem soll der doppelte Lohn gefordert werden. Wenn aber ein Jahr darüber verstrichen ist, so soll er - obwohl sonst alle Gelder, die einer als Darlehen gibt, unverzinslich sind - in diesem Fall für jede Drachme monatlich einen Obolos als Zins zahlen.[110]

---

105) Platon, Politeia, 556a – 556 c; vgl. hierzu auch Klingenberg,1982, S.103.

106) „Vor Zeiten war es in vielen Städten Gesetz, daß man die ersten Anteile am Landbesitz nicht verkaufen dürfte. Eine ähnliche Wirkung hat auch das sogenannte Oxylos, daß man einen bestimmten Teil des vorhandenen Landbesitzes nicht belasten dürfe." Aristoteles, Politik VI, 4 19a. Bemerkenswert ist die Tatsache, dass Aristoteles von den *ersten Anteilen* am Besitz (Eigentum) spricht, welche in seiner Vorzeit zum Verkauf nicht freigegeben wurden. Dies kann als zusätzliche Bestätigung der oben angedeuteten Theorie der Eigentumsentstehung in der griechischen und römischen Antike gelesen und wiederum als Analogie zur neoklassischen Annahme der Erstausstattung verstanden werden.

107) Cicero, *De officis*, 2 XXI, 73; zit. nach Heinsohn/Steiger, 2006, S.135.

108) Vgl. Schinzinger, Francesca: *Ansätze ökonomischen Denkens von der Antike bis zur Reformationszeit.* 1977, S.16; auch Schefold, 1989, S.20-31.

109) Vgl. Klingenberg, 1982, S.104-105.

110) Platon, *Nomi*, 921 b7 c6.

Obwohl hier von ‚Zinsen' gesprochen wird, kann keine Rede davon sein, dass es sich dabei um einen Darlehensvertrag oder um ein Kreditgeschäft im engeren Sinn des Wortes handelt. Die Verwirrung ist allein durch die unzulängliche terminologische Differenzierung des Griechischen und anderer Sprachen zwischen *Darlehenszins* und *Verzugszins*[111] erklärbar. Sowohl die rechtliche als auch die wirtschaftliche Funktion beider Sachverhalte ist verschieden. Ersterer ist eine auf die zeitweilige Nutzung von Kapital zu entrichtende Vergütung, dessen Höhe im Voraus durch einen bestimmten Prozentsatz des Kapitals festgelegt ist und zur Akkumulation des Kapitals beim Gläubiger dient. Im zweiten Fall ist eine Vergütung nur bei Nichteinhaltung einer bestimmten Frist zu leisten und dient als pekuniäre Strafe für die Nichterfüllung von Verträgen. Diese Art von Werkvertragsbestimmungen entsprechen im Wesentlichen dem damals geltenden Recht.[112] Deshalb erscheint es angebracht, von einer Verzugs*strafe* statt von Verzugs*zinsen* zu sprechen. Eine Zinsen ermöglichende Umgehungsstrategie oder eine Abkehr von dem Zinsverbot aus *Nomoi*, 742 c oder *Politia*, 555e-556a kann daraus nicht begründet werden. Dennoch wird etwa eineinhalb Jahrtausende nach Platon die Frühscholastik diese ‚Form' eines vermeintlichen ‚Darlehens' als einen der wenigen Rechtsansprüche erlauben, ein Mehr an Zurückgegebenem als an Geliehenem zu erlangen.[113] In modifizierter Form wird sich das als eine beliebte Umgehungstechnik der dogmatischen Zinsverbote des Judentums herausstellen.

Resümierend kann festgestellt werden, dass Platon den Zins nicht *per se* ablehnt. Er versucht nicht einmal analytisch fundierte Argumente zu bemühen, um seine Abneigung gegen den Zins zu untermauern. Denn die Missbilligung des Zinses und anderer Kreditgeschäfte bedürfen für Platon keiner theoretischen Begründung; alleine die in der praktischen Wirklichkeit beobachtbaren ökonomischen Ungerechtigkeiten, die immer größer werdende Differenz in den Vermögenssituationen, der damit einhergehende moralische Verfall der Bürger und somit die Unmöglichkeit gesellschaftlicher und politischer Stabilität und sozialer Gerechtigkeit, welche wiederum die Grundlagen eines *guten Lebens* darstellen, sind für Platon Offensichtlichkeiten genug um Zinsen, welche die erwähnten Missstände perpetuieren, zu verbieten. Somit hat die platonische Ächtung

---

111) Diese Differenzierung findet sich heute deutlich im deutschen Zivilrecht wieder, wo der Darlehenszins in § 488 Abs.1 S.2, Abs. 2 BGB ausdrücklich als gesetzlicher Zins im Sinne der §§ 246 BGB, 352 HGB ausgestaltet ist, während sich die Verzugszinsen, die ab Nichtleistung trotz Fälligkeit zu zahlen sind, nach §§ 288 BGB, 353 HGB richten.

112) Vgl. Klingenberg, 1982, S.108-111.

113) Vgl. Braun, Christian: *Vom Wucherverbot zur Zinsanalyse 1150-1700.* 1994, S.18. Die *poenta coventionalis* wird schon früher als willkommene Umgehungsstrategie des jüdischen Zinsverbotes angewendet.

der Zinsen als Grundlage keinen metaphysisch fundierten, genuin moralisch-ethischen Sockel, sondern ist als logisches Argument einer guten Staatsführung zu werten. Was Platon in den *Nomi* und in der *Politia* jedoch durchzusetzen versucht – und dessen ist er sich wohl bewusst – ist nicht mehr möglich. Es ist der (theoretische) Wunsch nach einer Rückführung der bereits weit entwickelten Eigentumsgesellschaft in eine vergangene, kommunistisch geprägte, agrarisch orientierte Gemeinschaft,[114] in der die Bürger „möglichst eng miteinander befreundet sind."[115] In einem derartigen gesellschaftlichen Konstrukt, das historisch dem Kapitalismus vorangegangen sein muss und das für Platon ein Ideal des menschlichen Zusammenseins wiederspiegelt, spielen Zinsen keine Rolle.

4.2. Aristoteles

Auch bei Platons Schüler Aristoteles ist es der immer größer werdende Graben zwischen Arm und Reich und die hinzukommende Wirtschaftskrise Griechenlands im ausgehenden 4. Jahrhundert, die seine ablehnende Haltung gegenüber den Zinsen begründen.[116] Obwohl Aristoteles und Platon in vielen Bereichen ihrer Philosophie divergieren, stehen ihre Prämissen, welche zur Ächtung des Zinses führen, im Einklang. Gleichsam seinem Lehrer weiß auch Aristoteles um die Dynamik der *Plenoexia*, welche zu einer maßlosen Kapitalakkumulation bei einigen wenigen führt und die Stabilitätsbedingungen des Staates gefährdet.[117] Insgesamt können bei Aristoteles drei zinsablehnende Argumentationsstränge ausgemacht werden: teleologische Lebensausrichtung, teleologische Geldnutzung und Gerechtigkeitsprinzip im Tauschverkehr.

Das den unbegrenzten Reichtum, der aus den wucherischen Darlehenspraktiken entsteht, ablehnende Argument des Aristoteles beruht auf der der Natur eigentümlichen Teleologie, wonach alle Handlungen und alles Geschehen auf bestimmte Zwecke ausgerichtet sind. Das Leben des Menschen hat ein *Telos*, einen

114) Vgl. Klingenberg, 1982, S.101. Allerdings ist Platons ‚Staat' nicht mit einem primitiven stammesfundierten Idealbild gleichzusetzen. Platon nimmt detaillierte Ausführungen des gesellschaftlichen und ökonomischen Zusammenseins im ‚Staat' vor, die Raum für eine eigene Arbeit bieten. Die optimale Größe solch einer Polisgemeinschaft sollte rund 5000 Bürger beinhalten, vgl. Schnitzinger, 1977, S.16. Schon hierdurch wird allerdings die Utopie von Platons Gedanken sichtbar, wenn man die Größe Athens von damals rund 140.000 Bürgern (Sklaven nicht miteingerechnet) dem Ideal Platons gegenüberstellt.

115) Platon: *Nomoi*, 743 c 6.

116) Vgl. Schefold, 1989, S.40.

117) Vgl. Koslowski, 1977, S.64.

bestimmten Zweck, der nicht darin bestehen kann, unbegrenzt nach Reichtum zu streben. Die Sinnlosigkeit einer ins unbegrenzte gehenden (*Immer-Mehr-Haben-Wollen*) Akkumulation als Selbstzweck versucht Aristoteles am Beispiel von König Midas zu verdeutlichen, der, obwohl unwahrscheinlich reich, verhungern musste.[118] Auch den Spruch Solons: „Reichtum kennt keine Grenze, an die die Menschen sich halten“, verwirft Aristoteles, in dem er per Analogie zum Betriebskapital auch für die menschlichen materiellen Bedürfnisse abnehmende Grenznutzen postuliert: „Er kennt sie [die Grenze] so gut wie jedes andere Handwerk. In keinem gibt es ein unendliches Werkzeug nach Menge oder Größe. [..] Reichtum ist aber nichts als eine Vielheit von Werkzeugen für die Haus- und Staatsverwaltung“.[119] Alles, was über ein gewisses Maß an materiellem Wohlstand hinausgeht, ist reine Akkumulation ohne Nutzenstiftung, ohne einen, ein bestimmtes gutes Leben ermöglichenden Zweck. Der Kapitalinhaber, der schon für ein sinnvolles Leben mehr als genug hat und der seinen Reichtum durch Zinsnahme zu erweitern sucht, handelt eben diesem aristotelischen Diktum entgegen. Das ihm in die Hand gelegte Mittel des Zinses zur vermeintlichen Beseitigung seiner „Unersättlichkeit“ ist deshalb abzulehnen. Interessanterweise wird rund zweitausend Jahre später die Nichtsättigungsannahme[120] des Individuums als zentrale Charaktereigenschaft des *homo oeconomicus* einen Pfeiler der modernen Mikroökonomie bilden.[121]

Doch ist Aristoteles nicht mit einem ‚Asket' zu verwechseln, wie Platon eventuell einer sein mochte. Reichtum, abgeschwächter ausgedrückt materieller Wohlstand, ist für ihn vielmehr nur eines der Mittel für die *Endämonie*, die *Glückseligkeit* des Menschen.[122] Gewissen materiellen Wohlstand zur Erlangung eines glückseligen Lebens sieht er durchaus als notwendig an. Dieser darf aber einen bestimmten Rahmen nicht sprengen und sollte neben den Grundbedürfnissen des Menschen auch eine generöse Lebensführung ermöglichen.[123]

118) Aristoteles: *Politik*, 1257 b 15-27.

119) Aristoteles: *Politik*, 1256 b 34-37.

120) Die Nichtsättigungsannahme ist schon aus dem Wortlaut heraus ein *horror infiniti*, der eine ewige, durch den Materialismus nicht zu beseitigende Unzufriedenheit des Menschen impliziert. Dieses neoklassische Postulat der Unersättlichkeit des Menschen ist, wie Hirschmann richtig erkennt, „wohl eine ganz bestimmte Phase in der gesellschaftlichen Entwicklung des Westens“, Hierschman, Albert: *Engagement und Enttäuschung. Über das Schwanken der Bürger zwischen Privatwohl und Gemeinwohl.* 1984, S.19.

121) Vgl. Eichhoff, Isabell: *Religion, Wirtschaft, Ethik*, 2006, S.13-14. Aristoteles wiederspricht nicht, so scheint es, dieser psychischen, potentiellen Eigenschaft des Menschen. Wie diese einzudämmen sei, lässt er allerdings offen.

122) Aristoteles: *Nikomachische Ethik*, I 1095 a 13- 20.

123) Vgl. Schefold, 1989, S.36; Braun, 1994, S.15; Koslowski, 1977, S.56-58. Braun stellt hier die anscheinend berechtigte und diesbezüglich „klassische“ Frage, wo die Grenze zwi-

Der materielle Wohlstand wird nach Aristoteles auf verschiedenen Kulturstufen unterschiedlich erlangt: ausgehend von der Familie und Sippe, die ihre Besorgungen autark erreicht, wird dann über eine größer werdende Gemeinschaft zusätzlich der Tauschhandel eingeführt, welcher den Mangel an knappen Vorräten beseitigen soll. Zur Auffüllung der „naturgemäßen Selbstgenügsamkeit"[124] wird Ware gegen Ware getauscht. Entscheidend ist, dass diese Art des Tauschhandels nicht mit der später angenommenen Nutzenmaximierung zu verwechseln ist, denn nicht die individuelle Nutzenmaximierung, sondern die Beseitigung von Mängeln ist hier die Motivation des Tausches.[125] Dies ist charakteristisch für archaische Gesellschaften wie Sippe und Stamm, wie Aristoteles bemerkt: „so wie es auch noch viele von den Barbarenstämmen tun".[126] Mit dem Bevölkerungswachstum und dem über weite Strecken gehenden Warenhandel wird zur Tauscherleichterung das Geld[127] eingeführt, mit welchem die Zinsnahme ihren Anfang nimmt. Modern gesprochen: Dem Streben nach Gütern gesellte sich das Streben nach Finanzkapital hinzu. Der erste Aspekt des Erwerbsstrebens, die Be-

---

schen dem noch akzeptablen und übertriebenem Reichtum zu ziehen ist. Es ist richtig, dass Aristoteles hier außer einem Appell zur Mäßigung keine Antwort darauf zu geben vermag, doch liegt es Aristoteles fern, einen Katalog materieller Dinge aufzustellen, die einem guten Leben zuträglich sind. Er appelliert an ein vernunftbegabtes Wesen Mensch, welchem es nicht schwer fallen sollte, zwischen Mäßigkeit und Übertriebenheit, zwischen Notwendigem und Überflüssigem zu unterscheiden. Aristoteles würde verzweifeln, wenn er diejenigen Leute, welche dem – unter dem Deckmantel der Freiheit des Wirtschaftsliberalismus wirkenden – zügellosen Materialismus unserer Zeit verfallen sind, überzeugen müsste, dass zum Beispiel ein drittes Auto oder eine Handtasche für Tausende von Euro nicht nötig sind, um glücklich zu sein. Doch auch dieser Art von Reichtum würde niemals jemand widersprechen wollen, wenn nicht die Absurdität unserer Zeit es erlauben würde, Nachrichten über verhungernde Kinder und Werbung für Luxusartikel auf ein- und derselben Seite einer Tageszeitung abzubilden (siehe S.2 der Süddeutschen Zeitung vom 27. Februar 2008). Wie offensichtlich das Verteilungsproblem und wie effektiv die gleichzeitige Ausblendung desselben in unserer heutigen Gesellschaft ist, kommt in diesem Szenario erschreckend klar zum Vorschein. Die Frage, wo eine Grenze zwischen sinnvoll-notwendig und luxuriös-verschwenderisch liegt, ist nicht relativ zu kulturellen oder wirtschaftlichen Standards zu sehen. Ein Minimum an Selbstreflexion und Ehrlichkeit reicht aus, um das Problem zu erkennen. Die *Erkenntnis* der Verschwendungssucht war für Aristoteles nicht das Problem. Von dieser theoretischen Erkenntnis aber zu der praktischen, problemlösenden *Handlung* besteht der größte Graben, den ein Individuum überbrücken muss. Mit dem Appell zur Mäßigung zielt Aristoteles auf die Willensstärke des einzelnen, nicht nur das Richtige zu erkennen, sondern es auch zu tun.

124) Aristoteles, *Politik*, 1257 a 30.

125) Zum detaillierten Unterschied zwischen Nutzenmaximierung und Bedarfsbefriedigung vgl. Gronemeyer, 2007, S.123-125.

126) Aristoteles, *Politik*, 1257 a 24.

127) „Als nämlich die gegenseitige Hilfeleistung immer mehr fremdbezogen geworden war dadurch, daß man einführte, woran man Mangel hatte, und ausführte, woran es einen Überschuß gab, da wurde notwendigerweise der Geldverkehr geschaffen." Aristoteles, *Politik*, 1257 a 32.

seitigung natürlicher Mängel, ist als Teil der eigentlichen Ökonomik zu verstehen und Aristoteles bezeichnet dies als die *natürliche* Art des Strebens nach Gütern. Dem entgegengesetzt steht die *unnatürliche* Art des Eifers, die Gelderwerbskunst oder, mit Aristoteles: die *Chrematistik*, welche keine Grenzen und kein übergeordnetes Ziel kennt, sondern nur ein unvernünftiges und blindes Anhäufen von Reichtum ist.[128] Folglich kann als natürlich die Art von Versorgung bezeichnet werden, die das für ein adäquates (!) Leben Nötige beschafft; widernatürlich ist die, bei welcher der Mensch seine „Klugheit" (nicht Vernunft!) bemüht, um mehr als das Nötige zu erlangen.[129] Wo Reichtumserwerb Ziel seiner selbst wird, ist er zu verwerfen. Zinsen, als eines der Hauptinstrumente der *Chrematistik*, arbeiten der teleologischen Ausrichtung des guten und vollkommenen Lebens entgegen und sind folglich zurückweisen.[130] Doch wie im Kapitel über die Eigentumsgesellschaft dargelegt, ändert sich die Betrachtungsweise in dem Moment, wenn das Gemeinschaftliche zum Individuellen wird.[131] Aus der gemeinsamen Bedarfsdeckung wird die individuelle Minimierung des Existenzrisikos, die sich in einer Gewinnerzielungsabsicht manifestiert, welche in der Freiheit des Individuums verankert - zumindest in der kapitalistischen Kulturperiode des Menschen - kein Maß zu kennen scheint. Die Minimierung des Existenzrisikos scheint heute nur durch die Maximierung der materiellen Güter erreichbar zu sein.

Der Zins verstößt nach Aristoteles allerdings nicht nur gegen das Prinzip des guten Lebens, sondern auch gegen die Teleologie des Geldes an sich.[132] So wie das Leben einem sinnvollen Ziel entgegenstrebt und sich nicht in der Unendlichkeit der *Plenoexia* verlieren sollte, hat auch jede Sache ihre eigentümliche, also natürliche Verwendungsart. Die Primärfunktion des Geldes ist die Erleichterung des Tausches. Als weitere natürliche Verwendungsmodi des Geldes – die notwendig

128) Vgl. Koslowski, 1977, S.56-63. Um der übertriebenen Akkumulation entgegenzuwirken, wurden in der Antike oft auf Staatsebene Gesetze gegen den Luxus erlassen, vgl. Schefold, 1989, S.37. Daraus wird ersichtlich, dass Aristoteles mit seiner Meinung nicht alleine stand und diese das im Volk verbreitete ethisch-moralische Gerechtigkeitsempfinden wiederspiegelte.

129) Vgl. Gronemeyer, 2007, S.126.

130) Aristoteles, *Politik*, 1257 b 29.

131) Wie dieses zustande kommt, ob evolutionistisch im Sinne eines peu a peu Kontinuums oder historisch im Sinne eines Sprunges, ist wie oben angedeutet, zwar umstritten, für das aristotelische Argument jedoch unerheblich.

132) Diese Unterscheidung zwischen den zwei teleologischen Aspekten der Zinsablehnung bei Aristoteles wird in der Literatur in dieser Form nicht vorgefunden. Sinnvoll erscheint sie trotzdem, denn falls Zinsen nicht gegen die jeder Sache eigentümliche Verwendungsart verstoßen würden, so würden sie dennoch als Bestandteil der Chrematistik gegen das Prinzip des guten Lebens wirken. Entsprechend verhält es sich, falls der Zins einer sinnvollen Lebensführung zuträglich wäre, so würde er der natürlichen Verwendungsart des Geldes wiedersprechen.

dem Tauschverkehr entsprungen sind – will Aristoteles die Wertaufbewahrungs-, Zahlungsmittel- und Wertmaßstabsfunktion verstanden wissen. Von der natürlichen Verwendungsweise des Geldes abzuschweifen, es zweckzuentfremden und anderweitig einzusetzen, wäre *un*natürlich und somit unsittlich beziehungsweise unmoralisch.[133] Marx beschreibt die natürliche, den Tausch erleichternde Verwendungsweise des Geldes als Transaktionsabfolge Ware-Geld-Ware (W-G-W). Dagegen kann der widernatürliche, dem *Telos* des Geldes zuwiderlaufende Einsatz desselben als G-W-G* oder sogar als G-G* illustriert werden.[134] Die letzte Transaktion, bei der Geld gegen mehr Geld eingetauscht wird, „stellt die ausgeprägteste Perversion des Tauschprozesses dar und gilt deshalb auch als verabscheuungswürdigste Art des Erwerbswesens."[135] So schreibt Aristoteles:

> Das es aber eine doppelte Erwerbskunst gibt, wie wir gesagt haben, die des Kaufmanns und die des Hausverwalters, und da diese notwendig und lobenswert ist, die Tauschkunst dagegen mit Recht getadelt wird (denn sie hat nicht mit der Natur zu tun, sondern mit den Menschen untereinander), so ist erst recht der Wucher hassenswert, der aus dem Geld selbst den Erwerb zieht und nicht aus dem, wofür das Geld da ist. Denn das Geld ist um des Tausches willen erfunden worden, durch den Zins vermehrt es sich aber durch sich selbst. Daher hat es auch seinen Namen: das Geborene ist gleicher Art wie das Gebärende, und durch den Zins (Tokos) entsteht Geld aus Geld. Diese Art des Gelderwerbs ist also am meisten gegen die Natur.[136]

Wie zuvor schon das Leben ein *Metatelos*, welches das Ziel aller menschlichen Handlungen sein sollte, so hat auch das Geld sein praktisches Telos, welches in den natürlichen Funktionen als Tausch- und Wertaufbewahrungsmittel seine Bestimmung hat. Die Zweckentfremdung des Gelds, um damit noch mehr Geld zu erschaffen, ist das, was Aristoteles ablehnt, was er *un-natürlich* nennt.

Aus dem obigen Zitat ist auch das populär gewordene aristotelische naturrechtliche Argument von der *Sterilität des Geldes* abgeleitet worden. Jedoch kann die wörtliche Interpretation des Argumentes, die besagt, dass sich nur natürliche Organismen vervielfältigen können, beim Zins aber Geld durch Geld erzeugt werde, dies *unnatürlich* sei und deshalb der Zins verwerflich ist, kaum der Intention des Aristoteles gerecht werden.[137] So ist nicht verwunderlich, dass die Passage, aus dem Zusammenhang der *Politik*, aber auch der *Nikomachischen*

---

133) Vgl. Koslowski, 1979, S.64-65, Braun, 1994, S.15.

134) Marks, Karl: *Kapital. Kritika političke ekonomije*. 1958, S.123-129. Mit Sicherheit ließ sich Marx von den aristotelischen Schriften inspirieren.

135) Braun, 1994, S.16.

136) Aristoteles, *Politik*, 1258 a 38 – b 7.

137) Raymond de Roover formulierte die Selbstverständlichkeit amüsant wie folgt: „C est bien certain, qu' un billet de dix dollars laissè ou fond d' un tiroir n'est pas come un couple de souris et ne produira pas de petits" zit, aus Braun, 1994, S. 56.

Ethik gerissen, als sophistisch, als unaufgeklärt bezeichnet wird.[138] Obwohl es sich als angebliche Beweisgrundlage in nachfolgenden Zeiten oft wiederholte,[139] ist das *Sterilitätsargument* nicht auf aristotelischem Boden gesät worden. Langholm beispielsweise sieht die Popularität des Argumentes von der *Sterilität des Geldes* in dem Unvermögen des Aristoteles und der ihm folgenden Scholastiker begründet, hinter dem Konzept des Geldes mehr als die physische Münze zu sehen. Erst als der abstrakte Aspekt des Geldes als Rechtsanspruch oder Verfügungsgewalt verstanden wurde, konnte der Sterilitätsgedanke zurückgewiesen werden.[140] Zu postulieren, dass Aristoteles tatsächlich meinte, dass zwei Münzen, da sie keine organische Materie darstellen, biologisch determiniert nicht miteinander eine dritte hervorbringen können, würde allerdings das aristotelische Denken in die Nähe des Lächerlichen rücken. Es kann davon ausgegangen werden, dass Aristoteles sich über das Geld und seine immanenten Funktionen und Eigenschaften im Klaren war und dennoch den Zins ablehnte. Dass der Tauschprozess G-G* (G < G*) funktioniert und dass dies nicht auf biologische Art und Weise zustande kommt, war für Aristoteles durch die Beobachtung der antiken Wirklichkeit offensichtlich und kein theoretisches Mysterium. Deshalb widerspricht der Wortlaut des Sterilitätsgedankens für sich, dass sich Geld nicht vermehren *kann*, den auch durch Aristoteles beobachtbaren Tatsachen, dass es dies dennoch tut. Wie oben erwähnt, ist das Zinsnehmen als ökonomisches Instrumentarium zu Zeiten des Aristoteles eine Selbstverständlichkeit gewesen.

---

138) So zum Beispiel Otmar Issing: „Das aristotelische Verdikt wird heute schwerlich noch jemanden beeindrucken, und mit einer Doktrin aus dem gemeinhin als „finster" apostrophierten Mittelalter wird sich kaum ein Bürger *unserer so aufgeklärten* (hervorgehoben von D.R.) Zeit identifizieren.", Issing, Otmar: *Der Zins und sein moralischer Schatten*, 1993, S.3. In: *Der 3. Weg. Zeitschrift für die natürliche Wirtschaftsordnung*, 1998. Auch früher schon wurde das vermeintlich aristotelische Argument von der Unfruchtbarkeit des Geldes polemisch ins Lächerliche gezogen. So stellte Jeremy Bentham 1787 Aristoteles als eine Person da, die vergeblich nach irgendwelchen Fortpflanzungsorganen des Geldes sucht, vgl. Braun, 1994, S.57. Es ist anzunehmen, dass viele Autoren, die das vermeintlich aristotelische Sterilitätsdogma zitieren, sich nicht wirklich mit der Philosophie des Aristoteles auseinandergesetzt haben. Das Zitat wird oft in diesem Sinne als Beweis für die Rückständigkeit der Vergangenheit im Gegensatz zu dem so aufgeklärten Zeitalter der Moderne missbraucht. Aus dem Zusammenhang gerissen und unreflektiert kann die Passage nichts anderes als den Eindruck eines „Möchtegernarguments" hinterlassen. Von Aristoteles war dies allerdings nicht beabsichtigt.

139) Sogar bei Shakespeare ist eine entsprechende Stelle zu finden: „Wenn du dies Geld willst leihn, leihe es uns nicht/Als deinen Freunden; denn wann zog die Freundschaft/Gewinn aus *unfruchtbarem* Gold (Hervorhebung von D.R.) vom Freunde?", Shakespeare, William: Der Kaufmann von Venedig. Deutsch von Rudolf Schaller. Berlin, S.22.

140) Vgl. Langholm, Odd: *The Aristotelian Analysis of Usury*. 1984, S.60; Braun, 1994, S.17.

Der so oft mit Politik, 1258 a 39 - b 7 konnotierte Spruch „Geld wirft keine Jungen" wird erst durch die Mehrdeutigkeit des griechischen Wortes *tokos* verständlich, welches sich von *tikto*, dem griechischen Wort für ‚erzeugen' und ‚gebären' ableitet und die Bedeutungen ‚Geburt', ‚Nachkommenschaft', ‚Junges' und in späterer Verwendungsweise auch ‚Ertrag', ‚Gewinn' und insbesondere *Zins* inne hat.[141] "Daher hat es seinen Namen: das Geborene ist gleicher Art wie das Gebärende, und durch den Zins entsteht Geld aus Geld"[142] kann folglich eher als spitzfindige Anmerkung zur Etymologie des Namens Zins und der sich daraus etymologisch aufzwingenden Analogie verstanden werden, nicht aber als ein biologistisches Argument seiner Herkunft.

Polemisch anmutend, aber nicht zu Unrecht, kann hier die Frage aufgeworfen werden: Was ist der Zins aus der Sicht des Gläubigers anderes als „Geld aus Geld"? Technisch betrachtet, muss konstatiert werden: nichts.[143] Wie gezeigt, haben auch die im ersten Kapitel vorgestellten Theorien dazu kein befriedigendes Ergebnis zu liefern vermocht. Entbehrungslohn, Gegenwartspräferenz und Liquiditätsprämie sind als gescheiterte Versuche zu deklarieren, die die Tatsache moralisch zu begründen versuchen, dass der Gläubiger aus G1 G2 (G1 < G2) machen *darf*, indem er dem Schuldner einen positiven Zins auf G1 auferlegt und davon ausgeht, dass dieser den Mehrertrag schon *irgendwie* erwirtschaften wird. Und dieses *irgendwie* stellt, wie aufgezeigt, das Problem dar, zu dem sich die Zinstheoretiker weitgehend ausschweigen.

Gemäß dem Dargelegten ist folglich die richtige Interpretation von Politik, 1258 a 39 – b 7 nicht diejenige, die besagt, dass sich Geld durch Geld nicht vermehren *kann*, sondern nicht *soll*.[144] Und – dies muss nochmals betont werden – nicht deshalb, weil es *unnatürlich*[145] im biologischen Sinne des Wortes ist, sondern weil es einerseits dem gewachsenen, sozialethischen Verständnis von dem, für was das Geld erdacht worden ist – die Erleichterung des Tauschverkehrs – widerspricht, und andererseits diese Zweckentfremdung zur Folge hat, dass dadurch eine sinnvolle Bedarfs*deckung* einer ungebremsten Bedarfs*weckung*[146] weicht. Die

141) Vgl. Langholm, 1988, S.57-58. Braun, 1994, S.16.

142) Aristoteles, *Politik*, 1258 b 4-5.

143) Vgl. Fußnote 26.

144) Vgl. Braun, 1994, S.17.

145) Um der Verwirrung des vermeintlichen Biologismus entgehen zu können, kann unnatürlich durch eine Reihe von Synonymen und Synonymparaphrasen ersetzt werden, welche die innere Satzbedeutung beibehalten, aber von der biologistischen Konnotation abrücken: *regelwidrig, abnormal, von der Norm abweichend, unsittlich ...*

146) Diese zwei sehr treffenden Begriffe stammen von Wolfgang Palaver (2002), welcher den Kapitalismus als Religion durch folgende fünf Eigenschaften charakterisiert: 1. antidogmatisch, also bloßer Kult; 2. andauernd und allgegenwärtig beziehungsweise ewig; 3. nicht

allgemein gehegte Wertehaltung der Antike gegen den Zins wird durch die Formulierung ersichtlich, „so ist ein drittes Gewerbe, das des Wucherers *mit Rechte* (Hervorhebung von D.R.) eigentlich verhaßt",[147] welche implizit eine bestehende Anschauung feststellt und für vertretbar erklärt. Diese negative Stimmung der Antike gegen die Zinspraktiken wird durch ein weiteres zeitgenössisches Dokument bekräftigt. In der Prozessrede des Demosthenes heißt es: „es hassen die Athener die Geldverleiher."[148] Die aristotelische Deklaration der *Unnatürlichkeit* des Kapitalerwerbswesens allgemein und des Zinses speziell kann abrundend wie folgt veranschaulicht werden: Während die ursprüngliche Tauschaktion W-W und später mit Geld als Zwischenmedium W-G-W noch ein Ziel „außerhalb ihrer selbst"[149] hatte, in dem sie das zum Leben Notwendige herbeischaffte, sind G-W-G und G-G *Ziel ihrer selbst*, in dem sie sich fortlaufend selbst reproduzieren. Während W-G-W also ein natürliches Ende hat, nämlich den Gebrauchswert einer Ware zu erlangen, hat G-W-G dieses Ende nicht. In dem Ausdruck G-W-G tritt die aus der Natur heraus produzierte Ware in den Hintergrund, um dann im Zinsgeschäft G-G* gänzlich zu verschwinden und aus Geld selbst Ware[150] zu machen. Dabei muss herausgestellt werden, dass Geld für Aristoteles keinen immanenten Wert besitzt, sondern bloße zwischenmenschliche Konvention, eben ein Abstraktum, darstellt. Die Gleichsetzung von Geld mit Ware, ihm also einen Gebrauchswert zuzusprechen (*Metallismus*), würde den Unterschied zwischen W-G-W und G-W-G und selbst zwischen W-W und G-G verschwinden lassen. Aristoteles Erklärung des einen als naturgemäß und des anderen als widernatürlich wäre hinfällig. Erst das Verständnis von Geld als bloße zwischenmenschliche Übereinkunft, als Konvention (*Cartalismus*),[151] macht deutlich, in welchem Sinne das eine als natürlich und das andere als widernatürlich betrachtet werden kann.

Doch warum strebt alles nach Geld? Für Aristoteles gestaltet sich die Angelegenheit einfach: die Erlangung körperlicher Genüsse ist die Motivation des Kapitalerwerbs. Die Nichtsättigungsannahme des Individuums scheint schon

---

erlösend, sondern verschuldend; 4. nicht auf Bedarfsdeckung, sondern auf Bedarfsweckung ausgerichtet und damit Sorgen erzeugend; 5. hat den Reichtum an Geld als heimlichen Götzen. Vgl. Gronemeyer, 2007, S.216.

147) Aristoteles: Politik, 1258 a 38 – b 7.

148) Vgl. Waldmann, 2004, S.4; auch Shellens, Max Salomon: *Die Beurteilung des Geldgeschäftes durch Aristoteles.* In: Archiv für Rechts- und Sozialphilosophie. Band XL, Laun, Rudolf; Viehweg, Theodor (Hrsg.): Würzburg, 1952/53, S.430.

149) Vgl. Gronemeyer, 2007, S.131; auch Langholm, 1984, S.64.

150) Vgl. Blüm, 2008, S.2.

151) Vgl. Gronemeyer, 2007, S.129-144.

Aristoteles postuliert zu haben, wenn er sagt:

> Da jenes Verlangen *unbegrenzt ist* [hervorgehoben von D.R.] ist, so verlangen sie auch nach unbegrenzten Mitteln dazu. [...] Denn da der Genuß in der Überfülle besteht, so suchen sie die [Erwerbs]Kunst, die die Überfülle des Genusses verschafft.[152]

Obzwar er diese Nichtsättigung dem „vollkommenen Leben“[153] als nicht zuträglich empfindet, bietet er, außer dem Appell zur Mäßigung, keinen Vorschlag, wie diese dem Mensch-Sein vorgeblich inhärente Eigenschaft einzudämmen sei. Das Argument, und hier kommt die Logik wieder zurück zum eigentlichen *Telos* des Lebens, ist, dass ein solches Streben nach materieller Überfülle, da diese sich in der Unendlichkeit verliert, kein sinnvolles Ziel des Lebens sein kann. Besonders der Zins, nicht aus Arbeit resultierend, scheint es der Unendlichkeit und Sinnlosigkeit der *Plenoexia* einfach zu machen und ist deshalb, zumindest so lange dieser durch ein wirtschaftliches *laissez-faire* gestützt ist, abzulehnen.
Der letzte Punkt der aristotelischen Philosophie bezüglich eines vermeintlichen *pro* oder *contra* des Zinses ist das von ihm aufgestellte Gerechtigkeitsprinzip im Tauschverkehr, welches im fünften Buch der *Nikomachischen Ethik* dargestellt wird. Dort heißt es:

> Die Begriffe Schaden [Verlust] und Gewinn stammen aus dem freiwilligen Verkehr. Denn mehr zu erhalten, als man hatte heißt Gewinn machen, und weniger zu haben als man am Anfang besaß, heißt Schaden [Verlust] erleiden, etwa beim Kauf und Verkauf und was das Gesetz sonst erlaubt. Wenn aber weder mehr noch weniger eingenommen wird, sondern Gleiches um Gleiches, so sagt man, man erhalte das Seinige und habe weder Schaden noch Gewinn. Also ist dieses *Gerechte* (hervorgehoben von D.R.) eine Mitte zwischen Gewinn und Schaden in den unfreiwilligen Verhältnissen und so, daß man das Gleiche nachher hat, wie man es zuvor hatte.[154]

Der Zins als solcher scheint gegen diese ausgleichende Mitte des Gerechten zu verstoßen, indem er dem Schuldner ein Mehr abverlangt, um es dem Gläubiger zuzusprechen. Um diese, die vertraglichen Beziehungen im zwischenmenschlichen Verkehr betreffende Gerechtigkeit als eine proportionale Mitte zwischen Gewinn und Verlust, wird sich letztlich die ganze scholastische Analyse des Zins- und Wucherproblems drehen. Doch dieses Gerechtigkeitsprinzip scheint Aristoteles nicht selbst für eine Bewertung des Zinses herangezogen zu haben (Zinsen werden in diesem Zusammenhang von ihm nicht erwähnt) und trotzdem wird

152) Aristoteles, *Politik*, 1258 a 40 ff.

153) „Ursache dieser Verfassung ist, daß man sich um das Leben, aber nicht um das vollkommene Leben bemüht.“, Aristoteles, *Politik*, 1258 a 40.

154) Aristoteles, *Die Nikomachische Ethik*, 1132 b 11-20.

sich diese Betrachtungsweise und die daraus abgeleitete Ablehnung des Zinses „wie ein roter Faden durch praktisch das ganze Mittelalter“[155] ziehen.

Abschließend kann festgesetzt werden, dass der in die aristotelische Philosophie so oft hineininterpretierte Gedanke von der *Sterilität des Geldes* abzulehnen ist. Diese Interpretation der betreffenden Passage stellt eine Über-Simplifizierung der aristotelischen Argumentation dar. Selbst das Argument der Zweckentfremdung des Geldes (teleologische Geldnutzung) als einer *entarteten* und deshalb abzulehnenden Gebrauchsweise, die im Zinsverlangen ihren höchsten Ausdruck findet, ist – so hier die Meinung – nicht wörtlich beziehungsweise nicht als das *eigentliche* Argument zu verstehen. Die dahingehenden Interpretationen, Aristoteles fehlte „der Begriff davon, dass Geld nicht nur Tausch-, sondern auch Produktionsmittel sein kann“[156] oder dass “sein Weltbild der „Rechenhaftigkeit“ keinen Zutritt bot“[157] und er deshalb das Kapitalerwerbsstreben falsch interpretierte und infolgedessen Zinsen und Geldhandel ablehnte, können den Punkt nicht treffen.[158] Dies beweist die Tatsache, dass Aristoteles die Geschichte von Thales[159] erzählt, welcher allein aus Beweiszwecken, wie leicht es einem Philosophen fallen würde reich zu werden, die zeitliche Nachfragedifferenz von Ölpressen auszunutzen vermochte. Die Wirtschaft des antiken Griechenlands kann durchaus als kapitalistisch bezeichnet werden, folglich muss auch negiert werden, dass Aristoteles gewisse theoretische oder praktische Aspekte des Geldes verschlossen blieben und er deshalb eine kritische Einstellung gegenüber Zinsen einnahm. Mit der teleologischen Geldnutzung und der daraus abgeleiteten Ab-

155) Braun, 1994, S.13.

156) Gronemeyer, 2007, S.143.

157) Shellens, 1952/53, S.434, behauptet, Aristoteles „kann nur in Gütern denken, und auch hier nicht abstrakt, sondern in ihrer Wesenhaftigkeit für die Hausgemeinschaft. Wo ihm im Wirtschaftsleben das Geld begegnet, bleibt ihm –psychologisch - nur die Wahl, in Geld und durch das Geld hindurch wieder in Gütern zu denken, oder aber, wo dies nicht möglich ist, die Erscheinungen abzulehnen.“

158) Tatsächlich findet sich wie zuvor bei Platon bei Aristoteles keine Stelle, in der Zins verboten werden sollte.

159) „[...] es ist ein finanzieller Einfall, den man jenem wegen seiner Weisheit zuschrieb, der aber von allgemeinem Interesse ist. Das man ihn nämlich wegen seiner Armut verhöhnte und behauptete Philosophie sei unnütz, da habe er, [...] noch im Winter mit dem wenigen Geld, das er besaß, sämtliche Ölpressen in Milet und Chios für einen geringeren Betrag gepachtet, da ihn niemand überbot; als dann die rechte Zeit gekommen war und plötzlich und gleichzeitig viele Ölpressen verlangt wurden, da verpachtete er sie so teuer, wie ihm beliebte, und gewann viel Geld und zeigte so, daß es für den Philosophen leicht ist, reich zu werden, wenn er nur wolle, daß er aber darauf keinen Wert lege.“, Aristoteles, *Politik*, 1258b 7-17. Nicht zuletzt kann das als Beleg dafür gelesen werden, dass die Kriterien einer kapitalistischen Unternehmung auch in der Antike anwendbar waren, zumal Thales von Milet etwa 300 Jahre vor Aristoteles (um 624) gelebt haben muss.

lehnung von „Geld aus Geld“ scheint Aristoteles nur ein philosophisches, besser gesagt analytisches Argument gesucht zu haben, um die allgemein gehegte Wertehaltung zu stützen. Eine *ethische* Forderung nach Menschlichkeit, Sittlichkeit und Mäßigkeit im ökonomischen Umgang miteinander bedurfte eines *technisch-analytischen* Arguments als Flankierung. Ein Argument bewirkt immer mehr als ein bloßer Appell. Da sich die *Chrematistik*, das Zinsnehmen, eben *nicht* gegen das formale Gesetz, aber „gegen die gewachsene Ordnung und – zumindest beim Zins – auch gegen das sittliche Empfinden des Volkes“[160] richtete, war Aristoteles bemüht, dieses ethisch-moralische, ‚intuitive' Gerechtigkeitsempfinden[161] auf den analytischen Boden einer Argumentation zu bringen. Das allgemeine, gewachsene Gerechtigkeitsempfinden der Athener und vor allem auch sein erstes Argument der teleologischen Lebensführung sollten dadurch eine analytische Unterstützung bekommen. Und das ist das Eigentliche, um was es Aristoteles ging: die Zielgerichtetheit auf ein sinnvolles, des Menschen als Vernunftwesen würdigen Lebens. Das Streben nach Geld (G-W-G oder G-G*), der *horror infiniti* der *Plenoexia*, oder modern gesprochen, die Gewinnmaximierung[162] und der unbegrenzte Konsum; Aristoteles erschließt beide und lehnt sie ab.

Die Verselbstständigung der wirtschaftlichen Sphäre, ihre Loslösung aus der Ethik und Moral, welche seit Smith, Ricardo und Bentham ihren technisierten Lauf nahm, und der daraus entschwundene moralisch-sittliche *Telos* der Gesellschaft, ist das, was Aristoteles in seinen Anfängen erkennt und ablehnt. Auch bei Aristoteles, wie zuvor schon bei Platon, sind es die einfachen Beobachtungen der wirtschaftlichen Wirklichkeit, dass aus einem Darlehen nicht immer ein Mehrwert für beide Parteien entspringt, die seine ablehnende Haltung gegen den Zins als Wirtschaftsinstrument entstehen lassen. In einer hohen Zahl der Fälle wird das Eigentum des Schuldners verpfändet und die soziale Gerechtigkeit und der

160) Schefod, 1989, S.41.

161) Dieser Punkt stellt ein nicht in Angriff genommenes Problem der vorliegenden Literatur dar. Dieses „sittliche Empfinden“ (Schefold) oder „allgemeine Gerechtigkeitsempfinden“ (Braun, 1994) muss irgendwo eine Grundlage, eine Quelle der Entstehung haben. Schlimmer wird die Problematik dann, wenn dieselbe Gesellschaft Gesetze verabschiedet, welche dem inneren Gerechtigkeitsempfinden des Einzelnen widersprechen. Dieses Paradoxon scheint sich durch die gesamte Menschheitsgeschichte zu ziehen und ist auch hier als ein gewichtiges, unangegangenes Problem zu verstehen.

162) Pathetisch, aber nicht falsch, mit Sombard gesprochen: „Die Heimat wird für den Unternehmer zur Fremde. Natur, Kunst, Literatur, Staat, Freunde: alles verschwindet in ein rätselhaftes Nichts für ihn, der keine ‚Zeit‘ mehr hat, sich ihnen zu widmen [...] Er darf diese Tätigkeit nicht als sinnlos und wertlos ansehen, will er nicht den Grund, auf dem er steht, verlieren, will er nicht die letzte Lebensmöglichkeit sich selbst zerstören.“ Sombard, Werner: *Der Bourgeois. Zur Geistesgeschichte des Modernen Wirtschaftsmenschen*, 1988, S.338-340.

allgemeine Wohlstand geschädigt. Das Argument kann noch insofern erweitert werden, dass, wenn alles nur noch um des Tauschwertes Willen getan werde, die Gesellschaft ihre Talente und Möglichkeiten verkümmern lässt; ganz im Sinne: Ich wähle den Beruf, der am meisten abwirft und nicht den, der mir am besten liegt. So kann mit Gronemeyer pointiert zusammen gefasst werden:

> Aristoteles sieht deutlich die Gefahr für den Zusammenhalt der Gesellschaft, wenn diese nur noch aus Produzenten, Händlern, Kunden, Schuldnern und Gläubigern besteht, die nach nichts anderem streben, als ihre Position eben als Produzent, Händler, Kunde usw. zu verbessern. Eine derartige Gesellschaft ist geistig arm und in gewisser Weise sogar unmenschlich [unnatürlich], weil sie eine Reihe spezifisch menschlicher Fähigkeiten für irrelevant erklärt: nämlich die Fähigkeit zu Moralität und Sittlichkeit und die Fähigkeit, als intellektuelles Wesen weiterhin die Frage nach der Bedeutung des Menschseins zu stellen und nach Antworten auf diese Frage zu suchen. Insofern ist nicht nur die Moderne ein unvollendetes Projekt, wie Jürgen Habermas feststellte, sondern die Suche nach Antwort auf die Frage „Was ist der Mensch?" ist das Projekt Menschheit schlechthin.
> Wäre mit unserer Rolle als Akteur im wirtschaftlichen Gefüge unser letzter Bestimmungsgrund gegeben, könnte die Erde morgen explodieren, ohne dass ein Gott der Philosophen darüber eine Träne vergießen müsste.[163]

5. Religiös-ethische Verbote

Während das Zinsnehmen in der Antike seit dem 8. Jahrhundert v. Chr. mit der sozioökonomischen Entwicklung der Eigentumsgesellschaft als individuelles Bereicherungsinstrument des Abendlandes uraufgeführt wurde, war es in anderen Teilen der Welt schon seit über 1000 Jahren auf der sozioökonomischen Bühne bekannt. Damit ist die Zeit Babyloniens gemeint, aus welcher die ältesten Schuldscheine und Gesetzestafeln erhalten sind, in denen Zinsgeschäfte erwähnt werden. Bevor zu den Ursachen der jüdischen Zinsverbote übergegangen wird, müssen heuristische Annahmen für zwei grundsätzliche Fragen getroffen werden. Die erste Frage, die es zu beantworten gilt, ist, ob sich das Zinsnehmen in verschiedenen Teilen der Welt zu unterschiedlichen Zeitpunkten und unabhängig entwickelt hatte (so wie es bei der Landwirtschaft der Fall war)[164] oder durch Kontakt und Nachahmung von einer zentralen Stelle aus diffusierte.[165] Das Zentrum einer solchen *Ideendiffusion* wäre

163) Gronemeyer, 2007, S.217.

164) Vgl. Diamond, Jared: *Arm und Reich*, 1998, S.91-117.

165) Die Antwort auf diese Frage ist aus folgendem Grund wichtig: Wenn angenommen werden kann, dass das Zinsnehmen (als Erfindung betrachtet) sich von nur einer Stelle aus verbreitete, so kann daraus vergleichsweise kein starker Anspruch auf die Richtigkeit des Postulats eines *homo oeconomicus* gestellt werden, als wenn diese Erfindung unabhängig in verschiedenen Teilen der Erde zum Vorschein kam. Im zweitgenannten Fall könnte daraus eine gewisse Determination hinsichtlich ökonomischer Handlungen abgeleitet werden.

dann, so weit man in die Geschichte der Menschheit zurückblicken kann, Babylon.

Dass die Israeliten das Zinsnehmen von den Ägyptern oder den Babyloniern übernahmen, ist nicht zu bezweifeln.[166] Es bleibt jedoch unklar, ob das oben gezeichnete Muster der abendländischen (griechischen) Zinsentstehung unabhängig von der viel früher vorgefundenen Geschichte Babylons zu verstehen ist oder durch den Kontakt der zwei Kulturen die *Idee* des Zinses nach Griechenland importiert wurde. Da die insoweit ersichtliche Literatur auf diesen Aspekt nicht eingeht, muss angenommen werden, dass Zinsen als Praxis der eigentumsbasierten, individuellen Bereicherung in verschiedenen Erdteilen unabhängig voneinander entstanden sind.[167] Die Determinanten der Entstehung, (wirtschaftliche) Freiheit > individuelle Existenzsicherung > Eigentum > Zins, wurden bereits dargestellt. Somit ist die Geschichte der ethisch-moralischen Verbote der Zinsen bei den Israeliten unabhängig vom vorangegangenen Kapitel zur Entstehung und Ächtung des Zinses in Griechenland zu lesen. Dies ist insofern wichtig, da nicht nur für die Zinsen, sondern auch für die Verbote desselben eine Unabhängigkeit der Entstehung zu postulieren ist. Dieses Postulat wirft wiederum ein zweite Frage auf: Warum sind keine Belege für eine Zinsächtung in Babylon vorzufinden?[168] Wenn davon ausgegangen werden kann, dass in Babylon das Gesellschaftskonstrukt einer geschlechterrechtlichen Ordnung am Wirken war und die (kapitalistische) Eigentumsgesellschaft sich aus ersterer entwickelte, muss angenommen werden, dass zu Beginn der neuen Wirtschaftsweise wohl auch in Babylonien die folgerichtige Abneigung gegen den Zins als Ausdruck des stammesrechtlichen Zusammenhalts sittlich verankert war. Da aber das altbabylonische Gebiet eine Art urzeitlicher Schmelztiegel darstellte und sich somit durch Mischung verschiedener Völker die geschlechterrechtliche Ordnung schnell aufzulösen vermochte, bekam das Gebiet zügig die Eigenschaft eines „kosmopolitischen Individualismus“,[169] was die ursprüngliche sippenfundierte Existenzsicherungsstrategie

166) Vgl. Hajcl, S.33.

167) Genauso plausibel scheint die andere Möglichkeit zu sein, wonach die Griechen mit zunehmendem Kontakt mit dem Babylonischen Reich oder den Ägyptern gegen Ende des 8. Jahrhunderts auch deren Wirtschaftsweise kennen gelernt und übernommen haben. Zinsen könnten unabhängig von der Institution des Privateigentums zwischen den Fürsten der mykenischen Zeit praktiziert worden sein, um dann nach der revolutionären Abschaffung der Befehlsgesellschaft auch von Privateigentümer übernommen zu werden.

168) „Das Zinsverbot bei den altorientalischen Völkern scheint sich - jedenfalls der Quellenlage nach - dadurch auszuzeichnen, daß es nicht existierte.“, Waldmann, 2004, S.1.

169) Heicl, 1907, S.23. Kohler-Peiser merkt an: „Von höchster Bedeutung ist, daß (schon im altbabylonischen Rechte!) der Unterschied zwischen In- und Ausländer soviel wie gar nicht hervorbricht. Es scheint, daß in dieser Beziehung eine vollständige Nivellierung eingetreten ist, ganz den geschichtlichen Vorgängen gemäß, indem man mehr und mehr fremde Stämme nach Babylon verpflanzte und hier eine ungeheuere Verbindung und Vermischung der Völker der

in Vergessenheit rückte. Da keine religiöse Kodifizierung stattgefunden hatte – wie dies später bei den Israeliten der Fall sein wird –, scheint es, als ob die Babylonier schon seit Menschengedenken nach kapitalismusähnlichen Prinzipien wirtschafteten.

5.1. Das jüdische Zinsverbot

Signor Antonio, viel und oftmals
Habt Ihr auf dem Rialto mich geschmäht
Um meine Gelder und um meine Zinsen;
Stets trug ich's mit geduld'gem Achselzucken,
Denn Dulden ist das Erbteil unseres Stamms.
Ihr scheltet mich ungläubig, einen Bluthund,
Und speit auf meinen jüd'schen Rockelor,
Bloss weil ich nutze, was mein eigen ist.
Gut denn, nun zeigt es sich, dass Ihr mich braucht[170]

Wann das Volk Israels zum ersten Mal mit Zinsen in Berührung gekommen ist, kann nicht erschlossen werden und ist für die hier vorgenommene Analyse auch nicht zentral. Interessant sind die sozioökonomischen Stufen der zwei Kulturen, die den Hintergrund der Entstehung des Zinsverbotes bilden. Wie dargestellt, ist Babylon schon vor der Zeit Abrahams, also bis in das 3. Jahrtausend vor unserer Zeit, nicht mehr nach einem geschlechterrechtlichen Kommunismus konzipiert, sondern hat zahlreiche Aspekte eines modernen Kapitalismus zu bieten. Geld und Zinsen[171] sind für die Babylonier und folglich auch für die mit ihnen

Erde mit ihren Kulturen herbeiführte.", Kohler-Peiser: *Hammurabis Gesetz*. Band 1, S.139.

170) Shakespeare, 1982, S.21-22.

171) Ein sehr interessanter Aspekt der Einstellung der Babylonier zu Geld und Zins findet sich bei Hejcl, der Revillout zitierend, anmerkt: „L'argent prètè c'est u n e sorte d e p e r s o n n e morale, qui peut grandir, qui peut se trouver en danger, qui peut mourir par accidents. [...] Ist das Geld ein lebendes Wesen, dann muß es natürlich wachsen. Das babylonische Wort für Zins heißt s i b t u [...] und bedeutet so viel als Z u w a c h s , besonders für Vieh. Das Ideogramm für sibtu wird auch gebraucht für bulu = vierfüßiges Tier, für lalu = Junges, Nachwuchs [...] Das berechtigt zu der Annahme, daß sich die Babylonier den Zins als ein J u n g e s und daher das Kapital wie ein gebärendes Tier [..] vorgestellt haben.", Hajcl, 1907, S.28-29. Erstaunlich an dem Zitierten ist die Bedeutungsähnlichkeit von *sibtu* mit dem oben dargelegten griechischem *toikos*. Beide haben die enge Bedeutung *Zins*, aber auch die weitere Bedeutung *Junges*. Noch erstaunlicher jedoch ist, dass die vorliegende Literatur (auch Hejcl nicht, der in seiner Arbeit Aristoteles an keiner Stelle erwähnt) auf diese Bedeutungsgleichheit nicht eingeht. Dass es sich um eine schlichte Koinzidenz handelt, kann wohl ausgeschlossen werden. Es wäre interessant zu wissen, inwieweit die Zinsbegrifflichkeit der Babylonier auf die der Griechen Einfluss gehabt hatte. Eventuell ist dies eine Spur, die zur These führen könnte, dass die Griechen nicht den Zins selbst „erfunden", sondern, wie weiter unten für das Judentum dokumentiert wird, mittels Kontakt zu dessen Anwendung kamen.

Handel treibenden Völker eine nicht hinterfragbare Selbstverständlichkeit.[172] Da das älteste Gesetzbuch der Welt, der Kodex Hammurabis (um 1750 v. Chr.), die Zinspraxis als eine allgemein bekannte Institution voraussetzt,[173] müssen ihre Anfänge deutlich länger zurück liegen. Wie stark das Kreditwesen besonders in der neubabylonischen Zeit ausgeprägt war, wird aus Nachstehendem deutlich:

> Among the professions of ancient Babylonia, *money-lendig* held a foremost place. It was, in fact, one of the most lucrative of professions, and was followed by all classes of the population, the highest as well the lowest. In some instances the-money lender founded a buisness which laste for a number of generations and brought a large part of the property of the country into the possession of the firm. This was notably the case with the *great firm of Egibi*, established at Babylon before the time of Senacherib, which in the age of Babylonian empire and Persian conquest became *the Rothschilds* of the ancient world. [174]

Anders gestaltete sich dagegen das sozioökonomische Dasein der Israeliten beim Kontakt mit dieser quasi industrialisierten Gesellschaft.[175] Als Babylon und Ägypten bereits als sesshafte, schriftkundige und zinspraktizierende Völker agierten, waren die zukünftigen Israeliten noch ein Konglomerat aus wandernden Beduinenstämmen. Als solche lebten sie in geschlechterrechtlichen, kommunistisch geprägten Organisationen, deren Charakteristikum unter anderem eine reziproke, selbstlose Hilfsbereitschaft war, wie im Kapitel 3.1. abstrakt beschrieben wurde. Die Divergenz der gesellschaftsrechtlichen und wirtschaftlichen Entwicklung beider Kulturen trug dazu bei, dass die Juden die neu vorgefundenen Praktiken ablehnten.

Die Kodifizierung der abgeneigten Einstellung zu Zinsen findet sich in drei sprachlich und auch teilweise inhaltlich voneinander abweichenden Bestimmungen der Tora wieder, welche (vermeintlich) verschiedene sozioökonomische

---

172) Über das Zinswesen in Babylonien ausführlich: Hajcl, 1907, S.22-56.

173) § 51 des hammurabischen Gesetzes besagt: „Wenn er kein Geld zum Zurückzahlen hat, liefert er [Getreide oder] Sesam um den Wert seines Geldes nebst Zinsen, das er vom Kaufmann erhalten hat, in Gemäßheit des königlichen Tarifes an den Kaufmann.", vgl. Müller, David von: *Die Gesetze Hammurabis und ihr Verhältnis zur mosaischen Gesetzgebung sowie zu den XII Tafeln*. Amsterdam, 1903 (1975), S.23. Darüber hinaus stellen auch die §§ 49, 100 Zins erwähnende Papagraphen dar.

174) Sayce, A.H.: *Babylonians and Assyrians Life and Customs*. London, 1901, S.151, zit. aus Heycl, 1904, S.44. Ob Sayce zufällig oder bewusst in diesem Zusammenhang eine jüdische (!) Familie mit einer altbabylonischen Firma gleichsetzt, ist nicht klar. Der Vergleich bietet interessante Interpretationsmöglichkeiten. Ironisch ist der Fall angelegt, denn ausgerechnet das Volk, das als erstes Zinsen verboten hat, wird später eben mit Hilfe des Zinses zu großer Kapitalakkumulation und somit weltlicher Macht aufsteigen.

175) „Wir müssen uns die Industrie in Babylon recht entwickelt denken. Es ist nämlich eine Unzahl von Ablieferungsscheinen auf uns gekommen, aus denen hervorgeht, daß 1. babylonische Privatleute fabrikmäßige industrielle Anlagen besaßen, und daß 2. die Tempel als große Fabriken zu betrachten sind.", Heicl, 1907, S.27.

und juristische Entwicklungsstufen der Geschichte der Israeliten wiederspiegeln.[176] Im einzelnen sind es die drei folgenden alttestamentarischen Bestimmungen, welche die Grundlage des dogmatisch-kanonischen Zinsverbotes bilden: Ex. 22, 24; Lev. 25, 36-37; Dt. 23, 20-25:

> *Exodus* 22, 24: „Wenn du Geld leihst einem aus meinem Volke, dem Armen neben dir, sei gegen ihn nicht wie ein Schuldherr; lege ihm nicht Zins auf."
>
> *Deuteronomium* 23, 20-21: „Du sollst nicht Zins auferlegen deinem Bruder, Zins für Geld, Zins für Nahrungsmittel, Zins für irgendeine Sache, die man auf Zins leiht. Dem Fremden magst du Zins auferlegen, aber deinem Bruder sollst du nicht Zins auferlegen, damit dich segne der Herr, dein Gott, bei jeglicher Unternehmung deiner Hand in dem Lande, dahin du kommst, um es in Besitz zu nehmen."
>
> *Leviticus* 25, 35-38: „Und wenn dein Bruder verarmt und seine Hand neben dir wackelt, so sollst du ihn festhalten wie einen Fremdling oder Halbbürger, auf dass er neben dir lebe. Nimm nicht von ihm Zins und Mehrung und fürchte dich vor deinem Gott, auf dass dein Bruder neben dir lebe. Dein Geld und deine Nahrungsmittel gib ihm nicht auf Zins und Mehrung. Ich bin der Herr, euer Gott, der ich euch führte aus dem Lande Ägypten, um euch zu geben das Land Kanaan, auf das ich euch Gott sei."

Folgenden Aspekten der kodifizierten Verbote wird nachstehend Aufmerksamkeit gewidmet: Ursache, Inhalt, Umgehungsstrategien. Dabei ist davon auszugehen, dass die Ursache der Entstehung zugleich den Inhalt bedingt und der Inhalt der Bestimmungen wiederum auf die Ausgestaltung möglicher Umgehungsstrategien der Verbote Einfluss hat.

176) Vgl. Klingenberg, 1977, S.16; Werner, Klaus: *Das israelitische Zinsverbot. Seine Grundlagen in Torah, Mischnah und Talmud.* In: *Shylock? Zinsverbot und Geldverleih in jüdischer und christlicher Tradition.* München, 1996, S.12. Bei näherer Betrachtung gestalten sich die Rechtsprechungen als durchaus nicht so verschieden voneinander.

5.1.1. Ursache

Als der älteste[177] der drei aufgeführten Texte wird Ex. 22, 24 angenommen, welcher vermutlich aus jener Zeit stammt, als die bis dahin noch (halb)nomadischen Stämme Israels begannen sesshaft zu werden, und neben Viehwirtschaft auch in untergeordneter Stellung Landwirtschaft aufkam. Hejcl sieht die erste Verbotsbestimmung als Reaktion der Israeliten auf den Erstkontakt mit den ihnen bis dahin unbekannten geschäftsmäßigen Geldverleiher. Dieser, wahrscheinlich ein Assyrer oder Kanaanäer,[178] pflegte unter den dort üblichen ökonomischen Bedingungen einen wucherischen Zinssatz von bis zu 120%[179] (!) aufzuerlegen und damit zur Verarmung seiner eigenen Landsleute beizutragen. Den kollektivistisch orientierten Israeliten mit ihrer intrinsisch-selbstlosen Hilfsbereitschaft müsste dieser als ethisch-moralischer Unmensch erschienen sein.[180]

Die Überzeugung, den *Seinen* natürlich *zinslos*[181] zu leihen, aus einer der allgemeinen „ethnologischen Jurisprudenz“[182] entspringenden ethischen Ansicht, war zu dieser Zeit in ungeschriebenen Gesetzen (Sitte) der Israeliten fest verankert. Als ihnen das Zinsnehmen durch Kontakte bekannt wurde, stand diese Neuheit zu den sittlichen und ethisch eingeprägten Vorstellungen im Widerspruch, was sich in einer abweisenden Einstellung gegenüber dem Zins niederschlug.[183] Der Ursprung der jüdischen,[184] ethisch-moralischen[185] Verbote ist somit vorerst in der Kollision zweier gesellschaftlicher Konstrukte zu sehen, welche hinsichtlich ihrer Existenzsicherung unterschiedliche Strategien haben:

177) Vgl. Klingenberg, 1977, S.23: Ex. 22, 24 wird von Klingenberg auf die mosaische Zeit, Dt. 23, 20-21 auf etwa 100 bis 200 Jahre später und Lev. 25, 36-37 als jüngster Abschnitt auf die Zeit des babylonischen Exils (ab 598. v. Chr.) datiert.

178) Vgl. Hajcl, 1907, S.69.

179) Vgl. Hejcl, 1907, S.40-53.

180) Vgl. Hejcl, 1907, S.69; auch Klingenberg, 1977, S.27-29.

181) *Zins* als Begriff existierte auf derartigen kulturellen Stufen nicht, das heißt, dass überhaupt das *Prinzip* des Zinses, Abgabe an x in t0 mit Rückerstattung von y in t1 ($x < y$), unbekannt gewesen sein muss. Zinsen zu verlangen war noch nicht im Spektrum des Vorstellbaren angekommen. Dieser Punkt muss hervorgehoben werden, denn die Zeit vor dem Kontakt mit dem Zins wird immer so dargestellt, als ob der potentielle Leiher vor der Wahl stand, Zinsen zu nehmen oder nicht und er sich, bedingt durch die Solidaritätspflicht, dagegen entschieden hat. Dies ist aber, einfacher Logik folgend, falsch.

182) Hejcl, 1907, S.9.

183) Vgl. Hajcl, 1907, S.62-63.

184) Im Gegensatz zur griechische Antike, für die angenommen wurde, eine kapitalistische, zinspraktizierende Wirtschaftsweise quasi endogen entwickelt zu haben.

185) *Ethisch-moralisch* darf nicht mit religiös fundiert verwechselt werden. Die kollektivistische, reziprok wirkende Überzeugung, seinem Nächsten selbstlos zu helfen, ist älteren Datums als die metaphysisch-religöse Begründung und Rechtsfolgenandrohung der Verbote.

kollektivistisch geprägte Wirtschaftsgemeinschaft vs. kapitalistisch individualisierte Subjektgesellschaft. Eine genaue Auseinandersetzung mit dem Inhalt der Verbote wird allerdings zeigen, dass, um die Ursache der Verbote adäquat erfassen zu können, ein weiterer zentraler Punkt hinzugezogen werden muss.

Ausschlaggebend für die Einhaltung und die Dauerhaftigkeit der Verbote war die Kodifizierung und religiöse Motivierung derselben. Ohne diesen Aspekt würde durch die zunehmende kulturelle Integration der Juden in den „kosmopolitischen Individualismus" Babylons und seiner Umgebung die stammesrechtliche Sitte zunehmend aufweichen, und somit die reziproke Hilfsbereitschaft unter den Seinen in Vergessenheit geraten. Die Besonderheiten der sozioökonomischen Umstände der Kodifizierung und ihr daraus resultierender Inhalt führten dazu, dass der interne ökonomische Zusammenhalt der Israeliten noch stärker wurde. Eine tief verwurzelte religiöse Lehre, die sich als Hüterin des menschlichen Seelenheils versteht, scheint die einzig bindende Motivation solcher auf Dauerhaftigkeit angelegter Handlungsweisen zu sein.

5.1.2. Inhalt

Bezüglich der inhaltlichen Ausgestaltung der alttestamentarischen Zinsverbote sind zwei Aspekte von besonderem, erörterungsbedürftigem Interesse: die explizite Erwähnung der Armut des Darlehennehmers als vermeintliche Tatbestandsvoraussetzung des Zinsverbotes und die gleichfalls explizite Einschränkung der Verbote auf die jüdische Gemeinde.

Innerhalb der Auseinandersetzung mit dem erst erwähnten Punkt muss hier der gängigen Meinung[186] widersprochen werden, dass das frühe Verbot, welches in Ex. 22, 24 kodifiziert wurde, nur die Armen im Auge gehabt hatte, d.h., dass ein verzinstes Darlehen zu Konsumtivzwecken (Notdarlehen) und kein Investitionsdarlehen verboten werden sollte, so dass gegebenenfalls von reichen Mitbürgern Zins verlangt werden konnte. Zwar erkennt Klingenberg richtig, dass aus dem alleinigen Wortlaut der Verbote (explizite Erwähnung der Armen) nicht *e contrario* geschlossen werden kann, dass verzinsliche Darlehen an reiche Mitbürger erlaubt gewesen seien,[187] was auch der späteren Interpretation der Halacha[188]

186) So zum Beispiel bei Klingenberg, 1977, S.23-32; Werner, 1996, S.14-15; Braun, 2001, S.459.

187) Vgl. Klingenberg, 1977, S.29-30.

188) *Halacha* ist die Bezeichnung der gesetzlichen Teile des Talmuds. Sie enthält die rabbinischen Schulddiskussionen und die daraus abgeleiteten verbindlichen Regeln für das religiöse Alltagsleben.

entspricht. Es ist aber fraglich, ob bei der Normierung des Zinsverbotes in Ex. 22, 24 der Gesetzgeber ausschließlich das Notdarlehen beabsichtigt hat, weil „kommerzielle Darlehen in der vor- und frühstaatlichen Zeit Israels keine Rolle spielen".[189] Bezüglich des Unterschieds dieser beiden Kreditarten merkt Klingenberg an:

> Nur in seiner juristischen Konstruktion das gleiche, in seiner wirtschaftlichen Funktion aber etwas vom Investitionsdarlehen Grundverschiedenes ist der ältere Typ des Darlehens, den die Torah im Auge hat: das zur Konsumption bestimmte Notdarlehen, das *Armen* und *Hungrigen* gewährt wird. Der Darlehensnehmer ist kein solventer Mann, der mit dem geliehenen Kapital *profitable Geschäfte* machen will, sondern ein in Not geratener Mitbürger.[190] (Hervorhebungen von D.R.)

Der logische Fehler - und dieser scheint sich in der diesbezüglichen Literatur zu wiederholen - liegt darin, dass die Grenzen zwischen einem Produktiv- und einem Konsumtivkredit (oder einem Notdarlehen) alles andere als klar definierbar sind. *Ex ante* kann nicht entschieden werden, welche der beiden Arten von Kredit entstehen wird: Scheitert das mutmaßlich gewinnbringende Geschäft des Unternehmers, muss er dennoch den Kredit zurückzahlen; im schlimmsten Fall kann solch eine fehlgeschlagene Investition zur Verarmung des Schuldners führen (Eigentumsverpfändung). Das als Produktivkredit gedachte Darlehen wird somit in allen seinen Aspekten zu einem Konsumtivdarlehen. Im umgekehrten Fall bedeutet das: Ein in t0 in Not geratener Mitbürger erbittet einen (Konsumtiv-)Kredit von 100, womit sein Gesamtvermögen 125 beträgt. Will er diesen Kredit in t1 zurückzahlen und noch zusätzlich wieder *auf die Beine kommen* (!), muss er damit *produktiv* werden.[191] In t1 wiederum ist es denkbar, dass er (die Ernte oder die Weidebedingungen waren gut) ein Gesamtvermögen von 150 erwirtschaftet hat. Ist jetzt dieser „Überschuss" von 25 *ex post* zu einem Teil ein Produktivkredit geworden? Noch interessanter gestaltet sich Fall, wenn der in Not geratene Schuldner mit dem Darlehen ein Vermögen erwirtschaftet, das nach Abzug des Kredites das Gesamtvermögen *vor* der Not übersteigt. Es kann folglich konstatiert werden: Auf dass überhaupt von einem *Darlehen* und nicht von einer schlichten *Gabe* gesprochen werden kann, müssen die „Armen und

189) Klingenberg, 1977, S.24; auch Werner, 1966, S.15. Diesen vermeintlichen Ursprung betonte auch schon Max Weber: „Der ursprüngliche Grund der Zinsperhorreszierung liegt durchweg in dem Bittleistungscharakter des primitiven Notdarlehens, welcher dem Zins „Unter Brüdern" als Verstoß gegen die Nothilfepflicht erscheinen lassen musste." Zit. aus Tyrell, 1997, S.214.

190) Klingenberg, 1977, S.24, siehe auch S.25-32.

191) Bezüglich des Konsumtivkredits geht die Literatur davon aus, dass der Darlehensnehmer das Kapital *konsumiert,* was bedeuten würde, dass ihm nach einer gewissen Zeit wieder „Kredit" gegeben werden muss, auf dass er erneut konsumieren kann.

Hungrigen“ auf die eine oder andere Weise „profitable Geschäfte machen“. In letzter Konsequenz des Dargestellten muss bei näherer Betrachtung die Existenz eines Konsumtivkredits ernsthaft in Frage gestellt werden.

Unter der Prämisse des Kontaktes als das Zinsverbot erschaffende Moment sprechen gegen die Ansicht, dass das sozioökonomische Dasein der frühen Israeliten zur Zeit der Normierung der Zinsverbote kein Produktivdarlehen kannte, noch weitere formallogische Aspekte. Die Tatsache, dass die Israeliten das Zinsnehmen von ihren kapitalistisch weit entwickelten Nachbarn kennengelernt haben, bei welchen zur Zeit des Kontaktes der Handel und das Kreditwesen in hoher Blüte standen, wird nicht in Frage gestellt.[192] Wenn dies aber der Fall ist, kann nicht nachvollzogen werden, dass die Israeliten zwar Zinsen, aber nicht das Produktivdarlehen bei ihren kapitalistisch wirtschaftenden Nachbarn erkannt haben.[193]

Die Unstimmigkeit, dass „die Norm ursprünglich für das Notdarlehen konzipiert worden ist“,[194] wird noch deutlicher, wenn man bedenkt, dass Zinsen den Israeliten kein *Begriff* waren, also dass vor dem Kontakt mit zinspraktizierenden Gesellschaftsformen Zinsen nicht im Kosmos ihrer Denk- und Handlungsmöglichkeiten angelangt waren. Den Stammesgenossen wurde ein Kredit gewährt; dass dieser ohne Zinsen sein sollte, stand nicht zur Debatte, war überhaupt nicht als Entscheidungsmöglichkeit gegeben. Eine Norm zu erschaffen, welche vor etwas schützten soll, das noch gar nicht bekannt ist, ist paradox. Erst als der Kontakt mit zinspraktizierenden Völkern stattgefunden hatte, konnte ein Verbot konstruiert werden. Das Notdarlehen unter Brüdern stand aber dafür nicht Pate.

Wie auch immer die Aussage in Ex. 22, 24 alleinstehend zu lesen ist, es wird spätestens in Dt. 23, 20-21 deutlich, dass jegliche Art von Zins verboten sein sollte: „Zins für Geld, Zins für Nahrungsmittel, Zins für irgendeine Sache, die man auf Zins leiht“.[195] Die rigorose ethisch-moralische Ablehnung von Zinsen,

192) Vgl. Klingenberg, 1977, S.22-23; Hejcl, 1907, S.69-70.

193) Zu den verschiedenen Arten der Kreditwirtschaft in altbabylonischer Zeit siehe Klengel, Horst: *Hammurapi von Babylon und seine Zeit.* Berlin, 1978, S.78-90. Zur wirtschaftlichen Unabhängigkeit und der daraus resultierenden Unsicherheit des altbabylonischen Individuums: S.90-101.

194) Klingenberg, 1977, S.23; Werner, 1996, S.14.

195) Für Hejcl, 1907, S.65-66, ist dies ein Indiz, dass sich auf Grund der Mehrdeutigkeit von Ex. 22, 24 in der Praxis die Meinung gebildet hat, dass nur von den Besitzlosen keine Zinsen verlangt werden dürfen, dies dagegen bei Reichen und einem Produktivdarlehen erlaubt sei. Dieser Auffassung ist zuzustimmen, und somit ist die Möglichkeit des *e-contrario-* Schlusses aus Ex. 22, 24 als erste Umgehungsmöglichkeit des dogmatischen Zinsverbotes zu werten. Dies heiß aber nicht, dass die Intention des Gesetzgebers beim Verfassen von Ex. 22, 24 die selbe war, ganz im Gegenteil: Zinsen, sowohl Investitionszins als auch Konsumtivzins, wenn diese (obsolete) Differenzierung beibehalten werden soll, waren von Beginn an verboten.

wie schon bei Platon und Aristoteles, resultiert folglich nicht nur aus der „ethnologischen Jurisprudenz"[196] einer *Bruderschaftsmoral*, sondern hat ihre Grundlagen in erster Linie in den negativen sozioökonomischen Auswirkungen des Zinses. Hätten die Israeliten den zinsbelasteten Kredit in seinem wie von den modernen ökonomischen Theorien stets angenommenen – Optimalfall kennen gelernt, das heißt, dass jeder Schuldner mit dem Geliehenen ein Mehrwert erschafft (Kredit + Zinsen + Gewinn), gäbe es keinen Grund, diesen verbieten zu wollen. Das Gegenteil, die Bejahung desselben, wäre eher zu erwarten gewesen. Dass sich allerdings die Realität der in Babylon vorgefundenen neuen individualistischen, eigentumsbasierten Wirtschaftsweise abweichend vom theoretischen Optimalfall eines Zinskredites darstellte, ist damals nicht anders gewesen als dies auch heute meist der Fall ist:

> Soziale Konsequenz des sich immer stärker ausbildenden Kreditsystems und des damit verbundenen Wuchers war das Entstehen einer großen Gruppe von Schuldnern von *unterschiedlichem Status* (hervorgehoben von D.R.) und Beruf. Vermochte der Schuldner den Verbindlichkeiten, wie sie in der Urkunde fixiert waren, nicht nachzukommen, so konnten - je nach den entsprechenden Klauseln des Kontrakts - sein Haus, Familienangehörige oder Sklaven „anstelle der Zinsen" dem Gläubiger übergeben werden. Oder der Schuldner geriet in Schuldhaft bzw. Schuldknechtschaft, und befand er sich einmal in dieser Situation, war es für ihn besonders schwierig, aus dem Schuldverhältnis wieder herauszukommen.[197]

Die stammesfundierte vor-ökonomische Ethik und Moral ausklammernd: Falls tatsächlich angenommen werden kann, dass die Israeliten nach der Landnahme in Kontakt mit den im Zitat beschriebenen Umständen kamen, ist es nicht verwunderlich, dass Zinsen als verwerflich angesehen werden mussten.[198] Somit muss der Ursprung der Zinsverbote in den negativen sozioökonomischen *Auswirkungen* der Zinspraktiken gesucht werden. Vor diesem Hintergrund wird deutlich, dass die explizite Erwähnung der „Armen" in Ex. 22, 24 nicht daraus ableitbar ist, dass das Verbot für ein ‚Notdarlehen' konzipiert worden ist, sondern aus der erfahrenen *Ver*armung des (auch reichen) Schuldners durch den Zins-

196) Hejcl, 1907, S.9.

197) Klengel, 1978, S.83.

198) Die Fälle, in denen die kreditierte Investition mit Erfolg gekrönt ist, machen die Thematik des Zinses erst zum zweischneidigen Schwert. Diese bleiben aber, zumindest für die Zeit des Frühjudentums und der Antike, gegenüber der Zahl der aus einem Kreditgeschäft resultierenden Verarmung der Schuldner in der Minderzahl. Dieser *Systemfehler* war schon in der altbabylonischen Zeit ein Problem, der durch Schuldenerlasse und andere sozialpolitische Maßnahmen zu lösen versucht wurde, vgl. Klengel, 1978, S.96-97. Auch heute wird von dem Instrument der Privatinsolvenz in Deutschland rege Gebrauch gemacht, vgl. Interview mit Peter Zwegat in der Süddeutschen Zeitung vom 12. September 2008, S.34.

zwang resultierte. Nicht (nur) der durch exogene Umstände arm gewordene Bürger sollte geschützt werden, sondern der durch Zinsen in die Armut getriebene Bürger war es, der zu den Zinsverboten führte. So müssen nicht nur der Zins, sondern auch die Gründe seiner Verbote als ökonomisch *endogene* Systemaspekte betrachtet werden.

Der zweite inhaltlich zentrale Aspekt der Verbote ist die Exklusivität ihrer Schutzbestimmungen. Alle drei Ausführungen des Alten Testaments verbieten kategorisch und absolut jede Art von Zinsen für jede Art von Darlehen *zwischen den Israeliten*, was in den Passagen „meinem Volk" in Ex. 22, 24 und „dein Bruder" in Lev. 25, 35 implizit und in Dt. 23, 21 durch „dem Fremden magst du Zins auferlegen, aber deinem Bruder sollst du nicht Zins auferlegen" explizit zum Ausdruck kommt. Welche weitreichenden Folgen dieser Aspekt der Bestimmungen für das Wirtschaftsleben zukünftiger Israeliten haben wird, ist allgemein bekannt. Doch warum wird hier der Zins nicht per se abgelehnt, sondern nur die eigene Gruppe in den Schutzbereich des Verbotes einbezogen?[199] Der augenscheinlichste Grund der Verbotsexklusivität ist in der mangelnden reziproken Bindung des jüdischen Gesetzes zu sehen. Fremden, also nicht dem selben Glaubensbekenntnis Unterstehenden, konnte die Tora das Zinsnehmen nicht verbieten. Somit befänden sich die Israeliten in einer strategisch ungünstigeren Lage den Fremden gegenüber, da sie von ihnen keinen Zins verlangen, aber selbst Zinsen für Darlehen zahlen müssten.[200] Analog gedacht, basiert das Prinzip, von Fremden Zinsen nehmen zu dürfen, auf dem Vergeltungsgrundsatz der *lex talionis*, wonach außer „Auge um Auge, Zahn um Zahn"[201] auch *Zins um Zins* Geltung haben müsste. So betrachtet waren Zinsen für den Gesetzgeber etwas an sich Ungerechtes, und da den Juden durch die Fremden Zins auferlegt wurde, ihnen also Unrecht geschah, durfte dies mit den selben Mitteln vergolten werden.[202] Doch ist bei dieser Interpretationsweise Vorsicht geboten, denn andererseits darf der Zins nur deshalb von Fremden gefordert werden, weil das Zinsnehmen *ethisch* nicht mit Raub, Diebstahl und Betrug gleichgestellt ist, was

199) Klingenberg, 1977, S.35, bemerkt, sich auf Gamoran, 1971, beziehend: „Die Beschränkung des Zinsverbots auf die Israeliten ist nicht erstaunlich. Im Gegenteil, es wäre gerade überraschend, wenn das Zinsverbot auch Fremde begünstigen würde." Ohne Begründung vermag diese Aussage nur eingeschränkt als richtig zu gelten, denn später wird im Christentum das Zinsnehmen sowohl für die *in-* als auch für die *out-group* verboten.

200) Vgl. Hejcl, 1907, S.76; Klingenberg, 1977, S.36.

201) Dt. 19, 21: „Und du sollst in dir kein Mitleid aufsteigen lassen: Leben für Leben, Auge für Auge, Zahn für Zahn, Hand für Hand, Fuß für Fuß."

202) Vgl. Braun, 1994, S.30.

auch gegenüber Nichtjuden streng verboten ist.[203]

Der sozialpsychologische Grund hinsichtlich der jüdischen Verbotsexklusivität ist in dem ethnologischen Personalitätsprinzip zu sehen, welches für die israelische, aber auch alle anderen antiken und mittelalterlichen Rechtsordnungen charakteristisch ist.[204] So wie das biologistische Gefühl und die ungeschriebene Sitte die Hilfs- und Liebespflichten prinzipiell auf Familien- und Stammeszugehörige abstrahiert, so kann auch die Norm der Zinsverbote nur dies bezüglich wirksam sein. Dieser Sachverhalt wird trefflich von Benjamin Nelson und seinem Postulat der „ethischen Evolution des Westens" beschrieben. Vor dem Hintergrund des *Deuteronomiums* konstatiert er für diese ethisch-moralische Evolution drei Hauptphasen: Mit dem Zusammengehörigkeitsgefühl der Familien- und Stammesordnung beginnend über die Verallgemeinerung des Bruderschaftsdenkens im Christentum bis hin zum utilitaristischen Liberalismus der neueren Zeit, in der jeder von jedem Zinsen fordern kann. Mit Nelson gesprochen durchläuft die Ethik des Zinses und mithin auch die der Wirtschaft den Weg „from tribal brotherhood to universal otherhood".[205] Dieser im Dt. 23, 20-21 kodifizierte Eckpfeiler der Blutsbruderschaftsmoral findet auch in Max Webers berühmtem *Dualismus von Binnen- und Außenmoral*[206] Ausdruck, welcher eine prinzipielle Präferenz und sozialmoralische Bindung zur Innenseite, dagegen moralische Ungebundenheit und tendenzielles Misstrauen nach Außen, annimmt. Diese Differenzierung der Moral ist noch heute wirksam. Im Fall der Zinsen manifestiert sich der Dualismus in der Selbstverständlichkeit eines zinslosen Darlehens unter Verwandten und Freunden. Die Front zwischen einem „Ja" oder „Nein" bezüglich des Zinses ist auch als die Grenze zwischen einem „Wir" und „Die" zu verstehen.

Ein verstärkender Aspekt des engen Zusammenhalts der Israeliten untereinander und der daraus resultierende Ausschluss der Fremden vom Zinsverbot ist daneben in der Erfahrung der Israeliten in Ägypten zu sehen. Die Versklavung ihres ganzen Volkes schweißte die Israeliten wohl enger zusammen als dies ethnologisch bei anderen Völkern der Fall sein mochte. Nach dem Zerfall des Staates Israel (70 n. Chr.) wird dem in die Diaspora verstreuten Volk der gemeinsame Glaube als einziges Differenzierungsmerkmal ihre Identität sichern und das Zu-

203) Vgl. Klingenberg, 1977, S.35.

204) Vgl. Klingenberg, 1977, S.35; Werner, 1996, S.15.

205) Nelson, Benjamin: *The Idea of Usury. From Tribal Brotherhood to Universal Otherhood.* Chicago, 1969.

206) Weber, Max: *Gesammelte Aufsätze zur Religionssoziologie*, Bd. III: *Das antike Judentum.* 1976. Vgl. auch Tyrell, München, 1997, S.207-210.

sammengehörigkeitsgefühl und das einseitige Zinsverbot einen wirtschaftlichen Schutz und strategischen Vorteil in einer immer kapitalistischer werdenden Umwelt bieten.[207]

5.1.3. Befolgung und Umgehungsstrategien

Es dauerte vermutlich nicht lange, bis diverse Strategien zur Umgehung der Zinsverbote erdacht wurden. Die grundsätzliche Frage, die bei der Analyse der Verbotsumgehungen geklärt werden muss, ist, ob das Zinsverbot der jüdischen Tora eine Rechtsvorschrift oder ein sittlich-moralisches Gebot darstellt. Dies ist insofern wichtig, als erst hierdurch auf die Motivation der (Nicht-)Befolgung der Verbote Rückschlüsse gezogen werden können. Laut Klingenberg ist es schwierig, überzeugende Kriterien für die Abgrenzung juristischer und moralischer Normen in der Tora zu finden, denn ihr Sanktionssystem ist eine Einheit, in der menschliche Bestrafung und göttliche Vergeltung gleichrangige Komponenten in einem einheitlichen System bilden. Dennoch sind für die biblische Zeit die Zinsverbote im Bereich der Sitte, des *comme il faut*, einzuordnen, denn, wie später dem islamischen und dem kanonischen, fehlt auch für das israelitische Zinsverbot der Beweis jeglicher Erzwingbarkeit.[208] Es ist keine Bestimmung bekannt, nach der ein verzinster Darlehensvertrag als ungültig deklariert wurde; ganz im Gegensatz zu den rechtlichen Zahlungsverweigerungsmöglichkeiten, wie Platon sie normiert wissen wollte. Im Kontext des Unterschiedes zwischen Dies- und Jenseits bezogenen Strafen und die Unmöglichkeit einer durch die Tora begründeten weltlichen Buße ist zu betrachten, wie das Buch Ezechiel auf den Sanktionscharakter eingeht:

> [...]der zu den Götzen aufblickt und Gräueltaten verübt, der gegen Zins leiht und Wucher treibt - soll er dann am Leben bleiben? Er soll nicht am Leben bleiben. Er hat alle diese Gräueltaten verübt, darum muß er sterben.[209]

Einerseits kann diese Passage als Beweis einer vorhandenen Nichtbefolgung der Verbote dienen und andererseits wird klar, dass der Gesetzgeber mit dieser Rechtsfolge nicht erwarten konnte, dass seine angedrohte Strafe vollzogen wird.

---

207) Vgl. Braun, 2001, S.459.

208) Vgl. Klingenberg, S.52-54; Hejcl, 1907, S.74-76; auch Buckley, Susan L.: *Teachings on Usury in Judaism, Christianity and Islam.* 2000, S.28. Fraglich ist dann, ob überhaupt von Verboten gesprochen werden kann.

209) Buch Ezechiel 18, 13.

Somit offenbart sich im Falle des Zinses, zumindest für die biblische Zeit (bis etwa 70 v. Chr.), eine Dichotomie zwischen weltlichen und göttlichen Ansprüchen. Da eine konkrete weltliche Strafe nicht zu erwarten war, muss davon ausgegangen werden, dass nur die *Gottesfurcht*, also die Sorge um das eigene Seelenheil als Charaktereigenschaft einer Person, zur Befolgung der Gebote führen konnte. So kann der Zusatz in Dt. 23, 20-21, „damit dich segne der Herr, dein Gott", *ex negativo* als einzig mögliche Sanktion der Nichtbefolgung verstanden werden. Inwieweit eine Ächtung durch die Gemeinde zu erwarten war, ist nicht bekannt. Wenn strategische Erwägungen einer reziproken Zinsfreiheit keine Rolle spielten, wurde auch für den Israeliten sein vorgeblicher Glaubensbruder zum Fremden.[210]

Feste urkundliche Beweise für die Missachtung der Verbote der Tora finden sich nur in der Diaspora, doch ist anzunehmen, dass auch in Israel das Verbot häufig übertreten wurde.[211] Erst in der tannaitischen Periode[212] (ca. 70 - 240) wurde damit begonnen, ethisch-moralische Gebote in juristische Formen einzukleiden. Die Drohung, „er soll des Todes sterben", wurde zwar gerichtlich angekündigt, aber niemals vollstreckt. Bei einer verbotenen Zinsnahme[213] bestand das Vorgehen darin, den Betreffenden, wenn nötig auch mittels körperlicher Züchtigung, zur „freiwilligen" Restitution zu veranlassen und ihn teilweise von seinen bürgerlichen Ehrenrechten als Richter und Zeuge auszuschließen. Obwohl seit der Zeit der Mischnah und des Talmud viel zur diesseitigen Verrechtlichung des Zinsverbotes beigetragen wurde, blieb ihr wesentlicher Charakter als ethisch-moralische Sitte, einer *lex imperfecta*, bestehen. Dessen ungeachtet wurden in der Entwicklung der Halacha häufig die ethisch-moralischen Anschauungen der einen Generation zu weltlich-rechtlichen Überzeugungen der nächsten.[214]

---

210) So schreibt Hejcl treffend: „[...] die Gewinnsucht derjenigen Israeliten, für deren Leben die Frömmigkeit und Gottesfurcht nicht immer maßgebend war, hat mit sich gebracht, das manche es versucht haben das Gesetz, welches auf Zins zu leihen verbot, auf „berechtigte" Weise zu umgehen.", Hejcl, 1907, S.82.

211) Vgl. Klingenberg, 1977, S.54-55; Werner, 1996, S.16. Die Verurteilung des Zinsnehmens in den späteren Büchern Ezechiel 18, 13-17; 22, 12 und Habakuk 2, 6 deutet auf mangelnde Befolgung der Verbote. Es kann davon ausgegangen werden, das fern ab von den Zentren des jüdischen Lebens die Bestimmungen der Tora nicht so genau befolgt wurden.

212) Als Tannaiten werden die rund 260 jüdischen Gesetzeslehrer (Interpreten der Tora) zwischen dem 1. und 3. Jahrhundert n. Chr. bezeichnet. Der von ihnen überlieferte Lehrstoff ist vor allem in der Mischnah und der Tosefta aufgezeichnet. Vlg. *Meyers Grosses Taschenlexikon.* Mannheim, 2001.

213) Zu den verschiedenen Arten der Geschäfte und der damit verbundenen Zinsen: Klingenberg, 1977, S.63-80.

214) Vgl. Klingenberg, 1977, S.52-56 und S.81-84.

Die Umgehungsstrategien[215] der jüdischen Zinsverbote können in fünf verschiedene Kalküle differenziert werden. Die erste und naheliegendste Art und Weise, das Zinsverbot zu umgehen, war die Zwischenschaltung eines *Fremden*, eines nichtjüdischen Strohmannes, wozu die Stelle Dt. 23, 20-21 geradezu einlud.[216] Wenn ein Israelit einem Nichtjuden ein Zinsdarlehen gewährt und dieser seinerseits den Betrag wieder gegen Zinsen an einen Juden verleiht, so ist diese Transaktion allerdings nur dann zulässig, wenn der Mittelsmann ohne Wissen und Auftrag des Darlehensgebers handelt. Falls allen drei Parteien das Zinsgeschäft bekannt ist, so war dieses Geschäft zuerst nicht erlaubt. Spätere Interpretationsweisen der Halacha lockerten diese Bestimmung, womit eine breite Tür zur Umgehung des Zinsverbotes aufgestoßen wurde, welche man im Mittelalter besonders rege durchschritten hat. Demnach war es gestattet, einem Mittelsmann eine *Belohung* zu geben, wenn er einem ein Darlehen vermittelt beziehungsweise selbst eine solche Provision für den Einsatz zugunsten eines Dritten beim Geber anzunehmen. Denn, so die modifizierte Ansicht, nur zusätzliche Leistungen, die *unmittelbar* vom Schuldner zum Gläubiger gelangen, sind als Zins zu werten und damit verboten.[217]

Ein weiterer Schachzug zur Umgehung des alttestamentarischen Zinsverbotes fand sich im Einsatz der schon vorgefundenen assyrischen Darlehensverträge, welche das Zinsnehmen in Form einer Konventionalstrafe, also mehr in Form von Verzugszinsen gestalteten. Der betreffende Vertrag wurde dahingehend abgefasst, dass statt einer Zinsklausel ein genau festgelegter Fälligkeitstermin zur Rückzahlung festgelegt wurde. Bis zu diesem Termin war das Darlehen zinslos; nur falls der Schuldner am Fälligkeitstag die Kreditsumme nicht zurückzahlt, muss er Strafe in Form von (quasi) Zinsen zahlen, die sich ab diesem Tag periodisch anzusammeln begonnen haben. Die ‚List' bestand na-

215) Die greifbarste und beeindruckende Umgehungsstrategie eines solchen religiös-ethischen Einhaltes ist die Umgehung des Verbotes, am jüdischen Sabbat (die Zeitspanne von Freitagabend bis Samstagabend) Feuer zu machen. Für orthodoxe Juden impliziert dies auch das Einschalten von Licht als verboten, das heißt, das bloße Betätigen eines Lichtschalters gilt als nicht der Tora gemäß, was gleichbedeutend mit einer Handlung gegen den Willen Gottes ist. Um nicht den kompletten Freitagabend ohne Licht und den ganzen Samstag ohne warmes Essen oder Kaffee auskommen zu müssen, musste eine Möglichkeit gefunden werden, die sich zugleich um das Seelenheil bemüht. Die Lösung bestand in der Erfindung des *Zeitschalters*, der *vor* dem Sabbath justiert wird und *am* Sabbath *von alleine* das Licht und den Herd einschaltet. Dazu nur so viel: Unterstellt man die Allmacht Gottes als Tatsache, muss ein solcher Akt als Heuchelei gebrandmarkt werden. Wie das Beispiel der Umgehung zeigt, ist die Angst vor einer jenseitigen Strafe nicht so groß wie vor dem Verzicht auf diesseitige materielle Güter. Denn eben um den Verzicht geht es bei diesen Verboten, nicht um die Betätigung oder Nicht-Betätigung eines Lichtschalters.

216) Vgl. Braun, 1994, S.31; Klingenberg, 1977, S.76-78.

217) Vgl. Klingenberg, 1977, S.77-78, 88.

türlich in der extrem kurzen Laufzeit solcher Darlehen, wodurch klar war, dass es sich im Prinzip um einen verzögerten zinsbelasteten Kredit handelte.[218]

Als häufig angewendetes und erst Ende des 2. Jahrhunderts als verboten angesehenes Umgehungsgeschäft war der in vielen Variationen auftretende sogenannte *Wiederkauf*. Dabei wird im Allgemeinen die gleiche Menge eines verliehenes Gutes (zum Beispiel Weizen) vom Gläubiger für einen kleineren Preis wieder zurückgekauft. Die Differenz entspricht dem verdeckten Zins.[219] Im Mittelalter wird der Wiederkauf ein beliebtes Instrument zur Umgehung des kirchlichen Zinsverbotes.

Einen recht auffälligen und plumpen Versuch der Zinsverbotumgehung unternahm im 4. Jahrhundert ein gewisser R. Hamma, indem er seine Geldstücke für eine Kupfermünze am Tag *vermietete*. Er argumentierte dies sei nichts anderes als die Vermietung eines Nutzgegenstandes, zum Beispiel einer Schaufel. Dagegen wurde folgendes eingewendet: Eine Schaufel unterliegt einer Wertminderung, Geld nicht, und das Entgelt soll den Wertverlust durch den Gebrauch mit abdecken. Geld hat zudem keinen Gebrauchswert. Der Hauptunterschied zwischen der Miete und dem Darlehen besteht darin, dass der Mietschuldner dieselbe Sache zurückgibt, während der Darlehensnehmer eine gleichartige Sache zurückzugeben verpflichtet ist. Geld, das inzwischen anderweitig verwendet wurde, kann kein Mietgegenstand sein, weil es durch eine Wechslung oder Zahlung seine Erscheinungsform ändert und es somit an einer Unterscheidbarkeit und Individualisierung fehlt. Eine Geldschuld ist eine Wertverschaffungsschuld, keine Sachschuld.[220] Das scholastische Eigentumsargument wird diesen Punkt zur Bestätigung des Zinsverbotes aufgreifen.

Besondere Aufmerksamkeit verdient schließlich das Instrument der *isqa*. Um dem *Systemfehler*, der beim Zins, definiert als vom wirtschaftlichen Erfolg der Kapitalüberlassung unabhängige und periodisch zufließende Zahlungen für die Nutzungsvergütung des Kapitals, entsteht, entgegenzuwirken und dennoch die Produktivität des Kapitals in *verteilungsgerechter* Weise nutzen zu können, wurde beim Darlehen eine Gewinn- und Verlustbeteiligung eingeführt. Der *terminus technicus* dieses Instituts wird auf das 3. Jahrhundert datiert, wobei davon ausge-

---

218) Vgl. Hejcl, 1907, S.83. Als eine Umgehung dieser Umgehungsstrategie des Zinsverbotes kann der Schuldner kurz vor Fälligkeit der Rückzahlung bei einem anderen Gläubiger ein zweites Darlehen aufnehmen und mit dieser Summe seinen ersten Geldgeber bezahlen, wodurch aus mehreren kurzfristigen Laufzeiten ein langfristiges zinsloses Darlehen konstruiert wird. Vgl. Klingenberg, 1977, S.48.

219) Vgl. Klingenberg, 1977, S.70.

220) Vgl. Klingenberg, 1977, S. 77.

gangen werden kann, dass seine Anwendung zwischen den Israeliten schon etwas früher praktiziert wurde. Seine konstruktive Ausgestaltung erfuhr das Instrument ab dem Jahre 1000.[221] Der Gläubiger schießt bei dieser Art des Darlehens das Kapital vor, mit dem der Schuldner wirtschaftet und Gewinn und Verlust wird zwischen beiden geteilt; eine schuldnerfreundlichere Modifikation besagt, dass der Kapitalgeber entweder die Hälfte vom Gewinn erhält und 2/3 des Verlustes trägt oder bei gleicher Verlustverteilung nur 1/3 des Gewinns in Anspruch nehmen kann.[222] Das Instrument der *isqa* ist somit nicht als ein Umgehungsinstrument des Zinsverbotes zu werten, als vielmehr der konstruktive Versuch, die Möglichkeit der Kapitalproduktivität und das Gerechtigkeitsempfinden zu verknüpfen. Intuitiv hat diese Form einer 50:50 Beteiligung interessante Parallelen zu dem von Aristoteles vorgeschlagenen Gerechtigkeitsprinzip im Tauschverkehr.[223] Ab dem 16. Jahrhundert jedoch wird diese Form der *isqa* von einem äußerlich gleichen, aber inhaltlich veränderten Aufbau abgelöst, bei dem der Schuldner seine aus dem *isqa* entspringende Verpflichtung, dem Gläubiger jederzeit Einblick in seine Geschäftsbücher gewähren zu müssen, durch *periodische Zahlungen* ablöst (*die Freiheit hat ihren Preis*) und im Voraus einen Termin zur Zahlung einer bestimmten Summe ausmacht. Diese Art des Darlehens wird auch heute noch von Banken in Israel praktiziert.[224] Faktisch hebt sie das Verbot der Zinsnahme zwischen den Juden auf.[225]

---

221) Gewinnbeteiligungsklauseln sind bereits für die Wirtschaft der neubabylonischen Zeit erhalten, vgl. Klingenberg, 1977, S.91-93.

222) Vgl. Klingenberg, 1977, S. 95.

223) Vgl. S.50 oben. Je nach Übersetzung des Originals ist diese Intention einer 50:50 Beteiligung bei Aristoteles mehr oder minder augenscheinlich: „So steht als zwischen dem Zuviel und dem Zuwenig mitteninne das Gleiche. Gewinn und Verlust jedoch sind entgegengesetzter Weise ein Zuviel und ein Zuwenig: Gewinn bedeutet zuviel Vorteil und zuwenig Nachteil und der Gegensatz dazu ist der Verlust. Als Mittleres zwischen beiden erweist sich das Gleiche, das wir als Gerechtes bezeichnen. So ist das Gerechte als ein Regulierendes nichts anderes als die Mitte zwischen Verlust und Gewinn." Aristoteles, *Die Nikomachische Ethik*, 1132 b 11-20.

224) Vgl. Klingenberg, 1977, S.102. Unklar bleibt, ob diese Zahlungen auch bei Verlusten des Schuldners zu tätigen sind. Irritierend ist die Ansicht Klingenbergs, dass man „bei dieser modernen Form der isqa [...] mit gewissem Recht von einer *legalen* (hervorgehoben von D.R.) Umgehung des Zinsverbotes sprechen" kann. Da das jüdische Zinsverbot aus einer quasi *jenseitigen* Quelle entspringt, kann *diesseits* nichts, auch keine noch so spitzfindige Umgehung, diese legalisieren.

225) Vgl. Buckley, 2000, S. 83.

5.1.4. Resümee

Die Grundlage der jüdischen Zinsverbote ist, wie aufgezeigt, zweigleisig zu betrachten. Einerseits entspringen sie der kollektivistisch basierten *Bruderschaftsmoral*, wonach jedes durch ein bestimmtes Differenzierungsmerkmal (Glaube) erfasste Individuum als Teil einer Gruppe gesehen und es deshalb als unsittlich beziehungsweise unmoralisch empfunden wird, dieses, auf welche Art auch immer, zu eigenem Vorteil auszunutzen. Erst durch den Kontakt mit zinspraktizierenden, individualistisch entwickelten Eigentumsgesellschaften konnten die Juden dieses Empfinden auch auf den ihnen zuvor unbekannten Zins abstrahieren. Andererseits aber haben die Verbote des Zinses auch einen, ökonomisch betrachtet, systemendogenen Grund, der in den negativen sozialen Folgen des Zinsnehmens gesehen werden muss. In der Kluft zwischen dem theoretischen Optimalfall und der praktischen Wirklichkeit, welche sich in Eigentumspfändung und Verarmung bei der Mehrheit und Reichtum und Übermaß bei einer Minderheit manifestierte, liegt der Grund, warum der Zins *schon an* sich abgelehnt werden konnte.

Durch die fehlende reziproke Bindung des jüdischen Glaubens wurde der Zins nur für die in-group verboten, wodurch sich für das jüdische Volk unbewusst strategische Vorteile in der Zukunft entwickelt hatten. Diese wurden dadurch petrifiziert, dass durch äußere Umstände ständiger Bedrohung das kollektivistische, durch gegenseitige Hilfe gekennzeichnete Wir-Gefühl der Israeliten starke Ausprägung erfuhr.

Bezüglich der Einhaltung der Verbote kann angemerkt werden, dass diverse Strategien zur Umgehung schon seit den frühen Zeiten vorhanden waren. Die Nichteinhaltung der Verbote ist vor allem für die biblische Zeit nur dadurch zu verstehen, dass diesbezüglich keine weltlichen Sanktionen zu erwarten waren. Allein der Glaube an das im Alten Testament geschriebene Wort als das Wort Gottes und die dadurch entstandene Seelensorge oder auch das dem Menschen allgemein anhaftende moralische Gefühl, den anderen nicht zu schaden, konnten als Motivation einer Zinsverbotsbefolgung dienen.

Im Versuch, den Spagat zwischen dem *Buchstabenglauben* und dem weltlichen Verlangen nach Kredit zu vollziehen, wurde das Instrument der *isqa* entwickelt, das eine Gewinn– und Verlustbeteiligung kreditierter Geschäfte darstellt. Dieses sinnvolle, da verteilungs- und chancengerechtes Instrument erfuhr ab dem 16. Jahrhundert immer stärkere Erosionserscheinungen, welche darin mündeten, dass das jüdische Verbot, von seinen Glaubensbrüdern Zinsen nehmen zu dürfen, formal eingehalten, faktisch jedoch verschwunden ist.

5.2. Der Zins im Christentum

Ihr sollt aber eure Feinde lieben und sollt Gutes tun und leihen, auch wo ihr nichts dafür erhoffen könnt. Dann wird euer Lohn groß sein, und ihr werdet Söhne des Höchsten sein; denn auch er ist gütig gegen die Undankbaren und Bösen. Seid barmherzig, wie es auch euer Vater ist![226]

In welchem Umfang das zitierte Moralgebot als solches in den ersten drei Jahrhunderten unter den Christen Anerkennung fand, ist schwer zu erschließen.[227] Die Kirchenväter und die christliche Argumentation schienen es nur als ergänzende Stütze gegen die Zinsnahme gebraucht zu haben und dennoch wird in der Folgezeit daraus ein zentraler, vielleicht sogar der wichtigste Aspekt der christlichen und der Moral an sich abgeleitet werden. Das frühe Christentum hat sich in seinem Kampf gegen den Zins noch verstärkt von den alttestamentarischen Aussagen und der griechischen Philosophie (Aristoteles und Platon) beeinflussen lassen, als von den angegebenen neutestamentarischen Passagen.[228] Im Nachfolgenden wird der Fokus auf diejenigen christlichen Zinsverbotsargumente und Meinungen gerichtet, welche einerseits die oben aufgestellten Thesen bekräftigen und andererseits als zentral in die kanonische Zinsverbotsdiskussion eingegangen sind. Dabei kann das Christentum hinsichtlich des Zinses aus Gründen der Übersichtlichkeit in drei Perioden unterteilt werden: Die Zeit der Kirchenväter, die Karolingerzeit und die Scholastik.

226) Lukas 6, 35.

227) Vgl. Endemann, 1874, S.10.

228) Vgl. Braun, 2001, S.460; Funk, 1876, S.3-4; Zehentbauer, Franz: *Das Zinsproblem nach Moral und Recht*, 1920, S.25.

5.2.1. Die Grundlagen der Zinsverbote und die Kirchenväter

Für die ersten drei Jahrhunderte des Christentums sind keine dogmatischen Dokumente zum Thema Zins vorhanden. Belegt ist, dass selbst hohe kirchliche Autoritäten bis in das dritte Jahrhundert hinein Zinsgeschäfte betrieben.[229] Um die Motivation der ersten christlichen Zinskritik angemessen verstehen zu können, muss zuerst auf die zu dieser Zeit im römischen Reich herrschenden gesellschaftlichen und wirtschaftlichen Umstände eingegangen werden. Diese gestalteten sich wie folgt:

> In sittlicher Beziehung feierte der Geist des nackten Materialismus Triumphe. Auf der einen Seite Genusssucht, Pracht, Luxus, auf der anderen Seite entsetzliches Elend. [...] Von beispielloser Grausamkeit waren die Schuldengesetze. Oft war es der Fall, daß der Schuldner, nachdem er Haus und Hof und alles verloren hatte, Weib und Kind, zuletzt sich selbst als Sklaven verkaufte; selbst die Beschlagnahme der Leiche war erlaubt.[230]

Diese wirtschaftlichen und moralisch-ethischen Verhältnisse bilden den Ausgangspunkt der ersten christlichen Zinsächtungen. Zwischen diesem Zeitpunkt und den dargestellten Zuständen im altbabylonischen Reich sind knapp 2000 Jahre vergangen, doch die sozialen Folgen zinsbelasteter Darlehen sind die selben geblieben. Folglich sind deutliche Parallelen zwischen den zwei sozioökonomischen Hintergründen der jüdischen und christlichen Zinsverbote zu verzeichnen. Wie schon zuvor für die jüdischen, kann nun auch für die christlichen[231] Zinsverbote ein ökonomisch endogener Grund vermerkt werden, welcher sich in

229) Vgl. Braun, 2001, S.461; Funk, 1876, S.3. Zur Erklärung dieses Umstandes geht Funk von zwei Alternativen aus: Entweder hielten die betreffenden Bischöfe ihr Handeln für erlaubt, da sie dem alttestamentarischen Zinsverbot jede Verbindlichkeit gegenüber dem Neuen Testament absprachen, oder sie ließen sich, trotz des Bewusstseins einer ungerechten Handlung, von profaner menschlicher Habsucht einvernehmen. Funk tendiert zur ersten Alternative. Es ist zu beachten, dass damals fehlende *diesseitige* Sanktionen wohl der im römischen Reich vorgefundenen Prunk- und Habsucht mancher Würdenträger Vorschub leisteten. Offensichtlich ist auch, dass eine hohe kirchliche Position nicht immer auf einem Gottesglauben gründete, sondern oft weltlicher Machteinfluss eine Rolle spielte.

230) Zehentbauer, 1920, S.10. Über die zügellose Zinswirtschaft in Rom und die Verschuldung der Mehrheit der Bevölkerung mit gleichzeitiger Reichtumsakkumulation bei Einzelpersonen und die sich daraus ergebenden Krisen ausführlich Mrozek, Stanisław: *Faenus. Studien zu Zinsproblemen zur Zeit des Prinzipats.* Stuttgart, 2001.

231) Da das Alte und das Neue Testament genetisch verwandt sind, ist eine strikte Trennung nicht möglich.

der ausweitenden Spanne zwischen Reich und Arm manifestierte.[232] Endogen ist der Grund deshalb, weil im Hinblick auf die Volkswirtschaft die aus dem Zinsnehmen entstehenden Ursachen der Verarmung direkt wieder Auswirkungen auf die Wirtschaft haben: Die aus Eigentumsakkumulation bei einigen wenigen folgende soziale Unzufriedenheit der Mehrheit und daraus resultierende politische Instabilität hat wiederum direkte Auswirkungen auf die Wirtschaft. Selbstredend kann diese ökonomische Grundlage nicht losgelöst von moralethischen Ursache dieser Zustände betrachtet werden, was jedoch für Ökonomie, Ethik und soziales Handeln im Allgemeinen gilt. Warum sich die Individualisierung des Subjekts in Relation zum Kollektivgefühl so schnell in so starkem Maße verwässert hatte, kann nicht beantwortet werden. Die moralisch-ethische Indifferenz seinem Nächsten gegenüber und die mittels Zinsnahme resultierende Verarmung desselben sind auch im Christentum die Gründe der Verbote.

Als erster Vertreter[233] einer christlichen Moral scheint sich Klemens von Alexandria (um 150-215) mit der Thematik des Zinses auseinandergesetzt zu haben.[234] Seine Wirkenszeit fällt in die Blütephase ägyptischer Wirtschaft, als Darlehenszinsgeschäfte von allen gesellschaftlichen Schichten betrieben wurden. Für die Beurteilung des Zinses muss hervorgehoben werden, dass diese erste erhaltene Ablehnung nicht in eine „Periode geringer wirtschaftlicher Entwicklung“[235] fällt, sondern aus einer Zeit hervorgeht, als Geldwirtschaft und *Investitionskredite* rege betrieben wurden.[236] Daraus wird sichtbar, dass das Verbot nicht – gleichsam zu jüdischen Zinsverboten – aus der Unkenntnis oder dem technischen Unverständnis eines Produktivdarlehens entstanden ist, und deshalb das Verbot nur das Notdarlehen an einen Armen im Blick gehabt hat. Die Armut war sowohl in Babylonien als auch 2000 Jahre später im römischen Reich keine Tatbestandsmerkmalsvoraussetzung eines Darlehensnehmers. Erst recht ist sie es heute nicht.

Seine ablehnende Einstellung gegenüber der Zinspraktik begründet Klemens von Alexandrien, indem er sich auf das Alte Testament stützt, allerdings nicht auf die oben diskutierten Stellen, sondern auf Ezechiel 18, 7, wo es heißt:

---

232) Volkswirtschaftlich gesehen zielt dies auf das relativ wenig behandelte Problem der Verteilung. Mag auch der volkswirtschaftliche Kuchen in toto wachsen, das grundlegende Problem aller individualisierten, kapitalistisch handelnden Gesellschaften der Arm- und Reich-Dichotomie besteht noch immer und ist als der größte „Systemfehler“ zu verbuchen.

233) Eine ausführliche Liste aller frühen Vertreter eines Zinsverbotes findet sich bei Funk, 1876, S.2-4.

234) Vgl. Dewes, Richard: *Das Zinsproblem in der deutschsprachigen Moraltheologie von 1850-1920.* 1976, S.6; Zehentbauer, 1920, S.11.

235) Endemann, 1874, S.10.

236) Vgl. Zehentbauer, 1920, S.12; Dewes,1976, S.6-7.

„Er [der Gerechte] leiht nicht gegen Zins und treibt keinen Wucher.“ [237]

Der gleiche Erkenntnisgewinn stellt sich ein, wenn weitere Ausführungen der frühen Kirchenväter beachtet werden. So finden sich bei Basilius dem Großen (330-379) Passagen, die sowohl die Möglichkeit eines durch Darlehen entstandenen Gewinns als auch die Antipode des Zinses, die Verarmung (nicht mit einer ex ante Armut zu verwechseln), gegeneinander abwägen. Dem Einwand, dass schon viele durch ein Darlehen reich geworden sind, wird die Einsicht entgegengehalten, dass „die Aufnahme eines Zinsdarlehens auch Einigen zum Heile gewesen, so habe sie noch größere Anzahl veranlasst, zum Strick zu greifen“[238] und selbst „reiche Herren sind durch Darlehen zugrunde gegangen“.[239] Die Ablehnung des Zinses im positiven Fall eines Kredits, wenn sich tatsächlich ein Gewinn für den Schuldner einstellt, vermag er jedoch nur wie folgt zu rechtfertigen: „Wenn du reich bist, brauchst du kein Darlehen, wenn du arm bist, kannst du es nicht bezahlen“.[240] Trotz der darin enthaltenen Sophistik wird deutlich, dass die Ursache der Zinsächtung schon in seiner Frühzeit nicht durch ein religiösmetaphysisches Dogma begründet war, sondern aus den negativen sozioökonomischen Folgen der Zins*praxis* entstanden ist. Diese Praxis, also der Umgang mit dem ökonomischen *Instrument Zins*, entsteht natürlich aus der moralisch-ethischen Losgebundenheit vom kollektivistischen Denken der Bruderliebe. Seine Wirkung aber ist ökonomischer Natur.

Die Frage, die hieran anschließt, ist, ob die Kirchenväter zwischen einem erlaubten *Zins* und einem verbotenen *Wucher* differenziert haben, das heißt, ob der Zins an sich oder nur der übermäßige Zins abgelehnt wurde. Die Meinungen hinsichtlich dieser Frage divergieren. Obwohl in den meisten Punkten übereinstimmend, kommen Zehentbauer und Funk in diesem Fall zu unterschiedlichen Ergebnissen. Dies ist um so verwunderlicher, da sie beide für die Bestätigung

---

237) Kloft, 1997, hebt insgesamt 16 Bibelstellen hervor, die implizit oder auch explizit den Zins zum Inhalt haben. Im einzelnen sind dies: Ex. 24f; Lev. 25, 35-37; Dtn. 15, 6-8; Dtn. 23, 20f; Ps. 14, 6; Ps. 15,5; Ps. 55, 12; Spr. 28, 6ff; Sir. 20, 15; Sir. 29, 1-20; Ez. 18, 12f; Ez. 22, 12; Mt. 25, 14-30; Lk. 6, 34f; Phil. 4, 17. Vgl. Kloft, Mathias Theodor: *Das christliche Zinsverbot.* In: *Shylock? Zinsverbot und Geldverleih in jüdischer und christlicher Tradition,* 1997, S.21-22, siehe auch Burri/Schwarz, 1935, S. 20-26.

238) Zit. aus Funk, 1876, S.5.

239) Zehntenbauer, 1920, S.14.

240) Zehntenbauer, 1920, S.15; auch Dewes, 1976, S.9. Zehntenbauer merkt an, dass die Einstellung des Basilius von platonischem Denken beeinflusst war und er den „Geist der Pleonexie der auch vor Ausbeutung ärgster Not nicht zurückschreckt“ bekämpfen will. Der Einfluss beider antiker Philosophen war schon in der frühen Phase der Christentums deutlich spürbar.

ihrer diametralen Thesen Basilius den Großen ins Feld führen.[241] Mehrere Überlieferungen der Spätantike sprechen tendenziell für die Einsicht, dass tatsächlich *prinzipiell* zwischen Zins und Wucher unterschieden wurde, den selbst Basilius der Große scheint die staatlichen Zinsgesetze respektiert zu haben. Als nämlich, so die Überlieferung, eine Witwe vom Gläubiger zur Rückzahlung des Darlehens samt Zinsen aufgefordert wurde und die zahlungsunfähige Schuldnerin Basilius um Hilfe bat, führte dieser keine Argumente an, nach denen zu schließen wäre, dass Zinsnehmen ungerecht oder sündhaft wäre, sondern appellierte an die Nachsicht und Mildtätigkeit des Gläubigers, zahlungsunfähige und verarmte Mitmenschen nicht unnötig zu bedrängen.[242] Eine weitere Erzählung besagt, dass ein gewisser Maurus für 400 Solidi Produkte gekauft hatte und, da er die Summe erst später zahlen wollte, zwei Schuldscheine im Wert von 500 Solidi ausschrieb.[243] Da seine Investition nicht den erwünschten Erfolg brachte, konnte er nur 410 Solidi zurückzahlen. Als der Gläubiger dennoch den Gesamtbetrag einforderte, wurde Papst Gregor der Große (540-604) persönlich als Vermittler einberufen. Jetzt könnte erwartet werden, dass diese höchste kirchliche Instanz die Transaktion per se als verboten betrachtete, da mehr zurückverlangt als gegeben wurde. Dies war aber nicht der Fall; vielmehr ließ Gregor der Große nachforschen, ob beim Schuldner durch die Investition wirklich ein Verlust entstanden war, um dann den Gläubiger zu *bitten*, mehr Güte und Milde zu zeigen und nicht auf dem strengen *Recht* zu beharren und aus dem Schaden des Nächsten einen Gewinn ziehen zu wollen.[244] Ohne auf die Meinungen neuzeitlicher Moralisten ausführ-

241) „Das Zinsnehmen wurde, wie das Vorstehende zeigt, von den Vätern schlechthin und ohne Ausnahme verworfen, sowohl den Reichen als den Armen gegenüber, sowohl wenn es mit Mass als wenn es ohne Mass getrieben wurde. Die Begriffe Zins und Wucher fielen ihnen zusammen [...]“, Funk, 1876, S.6; Dewes, 1976, S.28-31, ist der gleichen Ansicht. Dagegen ist Zehentbauer, 1920, er unterscheidet zwischen Wucher und Zins, Wucher ist ihm „übermäßiger Zins“, S.13.

242) Vgl. Zehentbauer, 1920, S.15.

243) Zwar handelt es sich hier strenggenommen nicht um ein Zinsdarlehen sondern um einen Preiszuschlag aufgrund Zahlungsverzuges, aber das Prinzip, mehr zu erhalten als gegeben wurde, ist das gleiche.

244) Vgl. Funk, 1876, S.14; Zehentbauer, 1920, S.23; Dewes, 1976, S.20.

lich einzugehen,[245] ob der Zins bei den Kirchenvätern[246] nun absolut oder nur relativ verboten war, wird hier folgender *Mittelweg* vorgeschlagen: In *theoretischer* Hinsicht wurde der Zins, sei er auch noch so niedrig, verboten. Dies resultierte alleine aus den Argumenten, die auf dem Äquivalenzprinzip und der Ablehnung des arbeitslosen Gewinns[247] fußten und somit, um konsistent zu sein, keinen Unterschied zwischen erlaubtem und verwerflichem Zins machen durften. Aus diesen Gründen besteht auch Dewes darauf, dass der Zins von den Kirchenvätern gänzlich verboten war. Er schreibt: „So kann es nicht auf eine bestimmte Form des Darlehens oder eine bestimmte *Zweckbestimmung* (hervorgehoben von D.R.) ankommen."[248] Doch gerade der Aspekt der Zweckbestimmung war und ist hier ausschlaggebend. Denn in praktischer Hinsicht wurde der Zins von Fall zu Fall erlaubt oder geduldet, und zwar dann, wenn offensichtlich war, dass durch das Darlehen beide Parteien einen Gewinn gemacht haben. Denn die Zweckbestimmung der christlichen Zinsmoral ist keine utilitaristische, sondern eine reziproke und gleichverteilende. Wie Zehentbauer diesbezüglich treffend formuliert: „Also nicht den Zins an sich verwerfen die Kirchenväter, sondern den wucherischen, ungerechten Zins. Sie verwerfen im Zinse den Wucher, die Geldgier und Habsucht."[249] Diese Aussage hat sowohl für die griechische Antike als auch für das Judentum und Christentum Geltungsanspruch.

Die ersten Generalsynoden des Abendlandes, Arles (314) und Nicäa (325), verbieten nämlich das Zinsdarlehen nur den Klerikern.[250] Die Kirche wird das Zinsnehmen beim weltlichen Stand später in den Synoden von Cathago (419)

---

245) Eine etwas ausführlichere Darstellung der Meinungen bezüglich dieses Problems findet sich bei Dewes, 1976, S.24-33. Anzumerken bleibt, dass abgesehen von mangelndem Konsens zu diesem Problem auch Inkonsistenzen in der Argumentation einzelner Autoren aufgedeckt werden können. Sowohl Funk als auch Zehentbauer scheinen sich teilweise selbst zu widersprechen. So Zehentbauer, als er seinem Postulat von der grundsätzlichen Relativität des Zinsverbotes bei den Kirchenvätern entgegnet: „Also nicht den Zins an sich verwerfen die Kirchenväter, sondern den wucherischen, ungerechten Zins.", S.15. Dagegen auf Seite 28: „Ähnlich wie zur Zeit der Kirchenväter waren Zins und Wucher begrifflich und sprachlich identisch."

246) Zur Aufzeigung der Meinung der Kirchenväter kommt erschwerend hinzu, dass die kirchliche Zinslehre der Frühzeit nicht „einheitlich und nicht immer klar" war, Dewes, 1976, S.28.

247) Vgl. Dewes, 1976, S.29-32.

248) Vgl. Dewes, 1976, S.31, Burri/Schwarz, 1935, S.30-31

249) Zehentbauer, 1920, S.15.

250) Der Kanon Hippolyts und die spanische Syode von Elvira (306) bedrohen zwar auch die Laien mit Verweigerung der Taufe und Exkommunikation, haben aber nach Funk, 1876, S.8, keine weitere kirchliche Bedeutung und keine Verbindlichkeiten in nachfolgenden Jahrhunderten. Siehe auch Braun, 1994, S.33.

als „t a d e l n s w e r t ansehen, aber unter ihr Verbot doch nur die Kleriker subsumieren, bei denen es als v e r d a m m u n g s w ü r d i g erscheint".[251] Die Bestimmungen des Zinsverbotes der ersten beiden Synoden werden sich im Wesentlichen durch das ganze kirchliche Altertum hindurch behaupten.[252]

Ein weiteres zentrales Problem, dessen sich die Kirchenväter annehmen mussten, war, wie der Inhalt des *Deuteronomiums,* welcher das Zinsnehmen gegenüber den Fremden erlaubte, mit der Haltung der christlichen Lehre in Einklang gebracht werden konnte. Ambrosius (340-397), der „bedeutendste Moralist unter den lateinischen Kirchenvätern",[253] der die Zinspraktiken seiner Zeit scharf kritisiert, deutet die betreffende Stelle als Kriegsrecht gegenüber dem Fremden, also den Feinden Gottes, deren Tötung kein Verbrechen wäre, und somit sei auch das Zinsnehmen ihnen gegenüber erlaubt.[254] Die Dichotomie einer in- und out-Group wäre damit allerdings noch aktiv, indem nur das Differenzierungsmerkmal vom jüdischen auf den christlichen Glauben verschoben wurde. Später im Mittelalter wird Ambrosius als Zeuge herangezogen werden, um das Zinsnehmen von Moslems und anderen Nicht-Christen rechtfertigen zu können.[255]

Einen diesbezüglich entscheidenden und weitreichenden Schritt macht dagegen Hieronymus (320-420), der zu der Einsicht gelangt, dass das Zinsverbot unter *Brüdern* durch den Propheten des Neuen Testaments verallgemeinert worden ist. Die entsprechende Stelle des Neuen Testaments, aus der für ihn das Konzept einer universellen Bruderschaft ableitbar ist, ist die eingangs zitierte Passage Lukas 6, 35. Diese Universalisierung des Zinsverbotes beschreibt nach Nelson den Eintritt in die zweite Phase der *ethischen Evolution,* in welcher die reziproke Bruderschaftsmoral des Stammes auf alle Menschen abstrahiert wird.[256]

251) Funk,1976, S.10; siehe auch Dewes, 1976, S.23; Kloft, 1997, S.24.

252) Vgl. Funk, 1876, S.9.

253) Dewes, 1976, S.17. Relevant zu erwähnen ist, dass Ambrosius anschaulich die Tatsache bekräftigt, dass es sich in dieser frühen Phase der Kreditwirtschaft nicht, wie so oft behauptet, um ein Notdarlehen gegenüber den Armen handelte, sondern der Darlehensgeber auch lukrative Investitionskredite im Auge gehabt hatte: „Sie fahnden nach neuen Erben und lassen durch ihre Agenten reiche Jünglinge ausforschen [...] dann flüstern sie ihrem Opfer zu, daß ein prächtiges Gut vorliegt, ein herrliches Zinshaus billig zu kaufen sei, sie übertreiben die Erträgnisse des Gutes, schildern in glänzenden Farben die hohen Einnahmen, die jedes Jahr erzielt werden können", Dewes, 1876, S.16. Die Aktualität dieser Passage ist beinahe unglaublich. Die gegenwärtige Finanzkrise veranlasste Blüm zu einem Artikel in der Süddeutschen Zeitung mit dem Titel: *Die Rente war sicher. Dann aber rückten die Finanzkapitalisten an- und redeten der Menschheit ein, zocken sei lukrativer als arbeiten.* Süddeutsche Zeitung, 25. September 2008.

254) Nelson, 1969, S.4; Dewes, 1976, S.16; Braun, 1994, S.34; Buckley, 2000, S.97.

255) Vgl. Nelson, 1969, S.6-8.

256) Vgl. Nelson, 1969, S. xix. : „first, the kinship morality of the tribal society; then the universal brotherhood of medieval Christianity; and finally the utilitarian liberalism of modern times."

Wie Hieronymus selbst sagt, wird im Evangelium die „höchste Stufe der Tugend gelehrt."[257] Dies bedeutet eine Rückführung der individualisierten Gesellschaft, wie sie schon in Babylon vorzufinden war, in der jeder für sich nach maximalem Gewinn[258] strebt, in eine universal kollektivistische Gemeinschaft, in der (wieder) gemeinsam nach materieller Sicherung gesucht wird und nicht der Materialismus, sondern das Streben nach höheren Erkenntniswerten das Dasein des Menschen ausmacht. Nach dieser Interpretation der christlichen Lehre ist das *Mensch-Sein* in allen seinen Facetten die einzige notwendige und hinreichende Bedingung, um in das soziale, moralische und wirtschaftliche Kollektiv aufgenommen zu werden. Dabei war, wie die Geschichte von den 500 Solidi bezeugt, offensichtlich, dass das Wirtschaften kein Nullsummenspiel ist und der Mensch durch seine Kreativität zur Innovation und somit zur Steigerung des materiellen Standards und Wohlstands fähig ist. Dies ist insofern wichtig zu erwähnen, da folglich der Konnotation von Christentum (oder Religion im Allgemeinen) mit Rückständigkeit kein notwendiger, sondern nur ein kontingenter außersprachlicher Wahrheitsanspruch zugrunde liegt. Den Mitmenschen nicht als Gegner, sondern wieder als Partner zu betrachten, war das Anliegen der Vertreter der christlichen Moral. Somit war auch die gerechte Aufteilung eines durch Kredit entstandenen Gewinns zwischen Gläubiger und Schuldner mit Sicherheit nie moralisch in den Skopus des Verwerflichen angelangt im Gegensatz zur eigensüchtigen, die Lage des Schuldners nicht beachtenden Reichtumsakkumulation.

5.2.2. Die Karolingerzeit

Durch den Untergang des römischen Weltreiches trat auch eine Veränderung innerhalb der Zinsfrage ein. Ab dem 7. Jahrhundert wurde das Zinsverbot kontinuierlich ausgebaut. Dies resultierte einmal aus der Ausbreitung des Christentums und der dadurch entstandenen Stärkung der christlichen Position gegenüber weltlichen Obrigkeiten, allem voran aber durch die wirtschaftliche Rückentwicklung jener Zeit. Durch die arabischen Eroberungen des 7. und 8. Jahrhunderts war der Handel im Mittelmeerraum kaum mehr möglich, was zum Ruin vieler Händler und dem Niedergang zahlreicher Städte führte und die ökonomischen

257) Zehentbauer, 1920, S.21.

258) Zwar impliziert die Semantik des Begriffes *Gewinn* (gewinnen) aus wirtschaftlicher Perspektive nicht, dass jemand anderes auch einen *Verlust* (verlieren) erleiden muss, allerdings wird durch den Begriff *Gewinn* auch immer ein Gegner, ein Kontrahent, implizit mitgedacht.

Verhältnisse in Richtung einer Naturalwirtschaft rückte.[259] Damit gingen auch produktive Investitionsmöglichkeiten zurück, wodurch das Darlehen für konsumtive[260] Zwecke verstärkt in den Vordergrund rückte. Das heißt dagegen nicht, dass keine Produktivkredite möglich waren, doch die Anzahl gelungener Investitionen, bei welchen zugleich der Gläubiger und der Schuldner einen Gewinn machen konnten, gingen im allgemeinen Bewusstsein stark zurück. Was allerdings gleich blieb, war das weltliche *Recht* des Gläubigers, auch bei misslungener Investition oder sogar bei einem ‚Notdarlehen' Zinsen einzufordern und bei Zahlungsunfähigkeit des Schuldners dessen Eigentum zu pfänden. Dieses Recht wurde das erste Mal von Karl dem Großen (742-814) aufgehoben, indem im Jahre 789 das Zinsnehmen sowohl dem Klerus als auch dem weltlichen Stand verboten wurde.[261] Die Begründung, zweifelsfrei aus den wirtschaftlichen Umständen jener Zeit folgend, war, dass alles, was über das Geliehene hinaus zurückverlangt wurde, als Ausdruck von Gewinnsucht und mangelnder Nächstenliebe galt und

259) „[...] und wenn die Meisten heute dem Zustande der wirtschaftlichen und sozialen Kultur gemäss die Produktivität als selbstverständlich betrachten, so wird doch Niemand verkennen dürfen, dass es eben so gut Zustände gibt, in denen die Unproduktivität gerade so natürlich erscheint, wie jetzt das Gegenteil.", Endemann, Wilhelm: *Studien in der romanisch-kanonistischen Wirtschafts- und Rechtslehre,* 1874, S.9-10.; auch Braun, 1994, S.35-37; Zehentbauer, 1920, S.26-28, Braun, 2001, S.466.

260) Wie oben dargelegt sind *konsumtive Zwecke* nicht damit zu verwechseln, dass der Schuldner das Geliehene verbraucht, ohne dass er damit etwas anderes produziert hat. Auch für diese Zeit ist anzunehmen, dass jeder Konsumtivkredit gleichzeitig ein Produktivkredit war, wenn es sich tatsächlich um einen Kredit und nicht um eine Gabe gehandelt hat. Dass sich allerdings aus solchen Konsumtivkrediten nur äußerst selten ein Gewinn für beide Parteien erwirtschaften lässt, ist offensichtlich.

261) Vgl. Braun, 1994, S.36; Zehentbauer, 1920, S.28; Funk, 1876, S.18-19. Für die griechische Kirche zeichnet sich indes ein anderes Bild ab. Kaiser Basilius der Mazedonier erließ ein generelles Zinsverbot für den Klerus und den weltlichen Stand zwischen 877 und 880. Diese Neuerung hatte sowohl in wirtschaftlicher als auch in moralischer Hinsicht negative Auswirkungen. Die wirtschaftlichen Verhältnisse verschlechterten sich aufgrund des entstandenen Kapitalmangels rapide und das Zinsverbot wurde so oft und moralisch zweifelhaft umgangen, dass schon sein Nachfolger Kaiser Leo der Weise das Zinsverbot seines Vaters aufhob. Er erkannte zwar, dass das Zinsnehmen durch das göttliche Gesetz verboten war, wusste aber zugleich, dass den dadurch entstandenen hohen moralischen Ansprüchen nicht jeder genügen konnte und es somit besser sei nach menschlichen Gesetzen zu leben, Funk, 1876, S.16-17. Eine kontrastive Untersuchung über die wirtschaftlichen Verhältnisse des griechischen und des lateinischen Gebietes wäre bezüglich der Motive des absoluten Zinsverbotes erhellend. Auch interessant wäre zu wissen, wie der Handel zwischen diesen zwei Gebieten abgewickelt wurde und wie die Zinsfreiheit in einem und das Zinsverbot im anderen Gebiet zusammenwirkten. Einen früheren Zeitpunk des Zinsverbotes für Leihen nimmt Le Goff , 1988, S.21 an: Konzil von Clichy im Jahre 626.

dem Wort des Alten und Neuen Testaments zuwider war.[262] Dabei erstreckte sich der Umfang der Nächstenliebe universell auf jeden, indem auf dem Pariser Konzil des Jahres 829 das mosaische Verbot (Dt. 23, 20) als unvollkommen abgetan wurde.[263] Allerdings hatte das karolingische Zinsverbot nur bedingten Sanktionsumfang, denn die gesetzlich angedrohte Restitutionspflicht wurde so gut wie nie statuiert und die Strafe der Exkommunikation nur bei wiederholtem Überschreiten des Verbotes vollzogen.[264] Was auch für die Karolingerzeit festgehalten werden kann, ist die Tatsache, dass hier ebenso nicht das *Prinzip* des Zinses abgelehnt, sondern die praktische Ausgestaltung desselben geächtet wurde. Fälle, in denen ein Schuldner durch ein Darlehen mit Hilfe seines Innovationsvermögens, Unternehmergeistes oder durch seinen Fleiß einen über das Kapital und die Zinsen hinausgehenden Gewinn erwirtschaftete, wurden moral-ethisch nicht als bedenklich angesehen. Diese Fälle, bedingt durch die Wirren der Zeit und damit einhergehenden prekären ökonomischen Umständen, waren jedoch selten.

5.2.3. Die Scholastik

Die Zeit ab dem 11. Jahrhundert war eine Periode zunehmender Handelsaktivitäten und wirtschaftlicher Erholung.[265] Vor dem Hintergrund steigender Investitionsmöglichkeiten und der Zunahme des Kreditwesens und der Geldzirkulation sah sich die Kirche genötigt, das Zinsverbot durch erweiterte Argumente zu begründen. Der allgemeine Appell zur Nächstenliebe und Nachsicht im Wirtschaftsverkehr war nicht mehr genug, um auf die außerkirchliche Wirklichkeit Einfluss zu haben. Mit dem Wachstum städtischer Siedlungen und dem steigenden Finanzierungsbedarf für Kriegszwecke verschob sich der Schwerpunkt der Untersuchung des Zinses von der dogmatisch-religiösen Ebene zur immer breiter werdenden wirtschaftlich-analytischen. Das autoritäre Verbot verlangte zusehends nach einer wissenschaftlichen Fundierung, nicht zuletzt, weil die Zahl der christlichen Geldverleiher mit dem wirtschaftlichen Aufschwung stetig zunahm.[266] Doch nicht nur das Verbot eines mit Zins verbundenen Darlehens, son-

262) Vgl. Noonan, John: *The Scholastic Analys of Usury*, 1969, S.16-17; Funk, Franz: *Zins und Wucher. Eine moraltheologische Abhandlung*, 1868, S.36-59; Zehentbauer, 1920, S.33.

263) Vgl. Zehentbauer, 1920, S.84.

264) Vgl. Funk, 1876, S.20; Zehentbauer, 1920, S.33. Zwar sind uns die Gesetzestexte erhalten geblieben, doch konkrete Fälle einer Rechtssprechung sind, zumindest der vorliegenden Literaturlage nach, nicht bekannt.

265) Vgl. Le Goff: *Wucherzins und Höllenqualen*. 1988, S.37-38; Braun, 1994, S.34.

266) Vgl. Le Goff, 1988, S.38, Braun, 2001, S.467.

dern vor allem auch die feinen Differenzierungsmerkmale erlaubter und nicht erlaubter Geldgeschäfte bekamen durch die Scholastik einen wissenschaftlichen Unterbau, welcher für die stetige Verwässerung und letztendlich für die Abkehr vom Zinsverbot verantwortlich ist.[267] So ist vorab auch hier, wie schon zuvor für die Zeit der Kirchenväter, zwischen erlaubtem und unerlaubtem Zins zu differenzieren:

> Wucher ist die Erhebung von Verleihzinsen in Geschäften, in denen Zins nicht verlangt werden darf, also nicht die Erhebung von Zinsen schlechthin. Wucher und Zins sind keine Synonyme, ebenso wenig Wucher und Gewinn.[268]

Die Ära der intuitiven Begründungen war vorbei, die Zeit der Analyse, die Scholastik,[269] hatte begonnen. Der Scholastiker der ersten Stunde und zugleich der bedeutendste Theologe und Philosoph des 11. Jahrhunderts, Anselm von Canterbury (1033-1109),[270] versuchte als erster zu zeigen, dass sich die christliche Lehre ohne biblische Unterstützung allein aus der *ratio* herleiten lässt. Bezüglich des Zinses bedeutete dies eine Gleichsetzung von Zins mit Diebstahl. Da der Gläubiger sich etwas aneignet, das nicht durch seine Arbeit erschaffen worden ist, wurde Zinsnehmen als Verstoß gegen die Zehn Gebote gewertet.[271] Im Lateralkonzil des Jahres 1139 verschärfte die Kirche ihre ablehnende Haltung gegenüber dem Zins, indem sie für den Zinsnehmer die Verdammnis versprach und ein christliches Begräbnis verwehrte.[272] Die Angst vor der Sünde und letztlich die Angst vor dem Ausschluss aus der nachweltlichen Existenz, dem Paradies, war von da an die Hauptmotivation das Zinsverbot zu befolgen. Im Grunde war das Höllenfeuer die einzige Waffe der Kirche gegen den Geldverleiher, denn schon zu dieser Zeit war der Zins als Mittel zu sozialem Aufstieg und weltlicher Akzeptanz weit verbreitet.[273] Doch war die Motivation der Kirche, die Schlinge um den Hals des

267) Le Goff, 1988, S.50; Braun, 1994, S.43-44.

268) Le Goff, 1988, S.16.

269) Vgl. Grabmann, Martin: *Geschichte der scholastischen Methode*. 1957, S.1-28.

270) Vgl. Grabmann, 1957, S.258-332.

271) Vgl. Zehentbauer, 1920, S.37. Die Verbindung zur Marxschen Ausbeutungstheorie, wonach die Arbeit als einzige produktive Kraft gesehen wird, ist augenscheinlich, wird in der Literatur jedoch nicht vermerkt.

272) Vgl. Braun, 2001, S.426; Braun, 1994, S.38; Nooan, 1957, S.18.

273) Le Goff, 1988, S.39, führt hierzu ein interessantes Zeitdokument ein: „ In eine Stadt kam ein sehr armer und von der Krätze geplagter Junge, den man folglich mit dem Spottnamen *le galeux* [der Räudige] rief. Als er zum Jüngling herangewachsen war, verdiente er sich sein Brot als Botengänger eines Metzgers. So sparte er sich eine kleine Menge Geldes und trieb damit Wucher. Als sein Geld sich vermehrt hatte, kaufte er sich leidlich achtbare Kleider. Dann heiratete er in eine ehrbare Familie und gewann dank des Wuchers an Ruf und Reichtum. Nun nannte man ihn Martin Legaleux, aus dem ehemaligen Spottnamen

Zinsnehmers enger zu ziehen, wiederum nicht eine rein moral-ethische oder gar theologische. Im dritten Laterankonzil (1179) wurde darauf hingewiesen, dass zu viele Menschen Stand und Beruf aufgeben, um Wucherer zu werden und im 13. Jahrhundert befürchteten Papst Innozenz IV. und der Kanoniker Hostensis die Verödung der Felder, weil die Bauern entweder selbst Wucherer werden oder von den Grundherren, die ihrerseits der Versuchung des Gewinns durch Wucherzinsen erlagen, ihres Viehs und ihrer Gerätschaften beraubt werden.[274] Somit war die Befürchtung der Kirche nicht nur eine tiefgreifende soziale und ethische, sondern auch eine ökonomische Veränderung der Gesellschaft. Mit der Loslösung des aufkommenden Finanzmarktes von der körperlichen Arbeit war auch die Angst verbunden, dass, wie schon bei Aristoteles erwähnt, nicht das Talent, sondern die Möglichkeit des Reichtums die Wahl des Berufes beeinflussen wird.

Ab dem Jahr 1187 wurden dann durch die Kirche fünf Grundpfeiler der mittelalterlichen Zinslehre aufgestellt, deren Fundament indes nicht aus der Heiligen Schrift und auch nicht auf rein rationalem Wege ableitbar war und allein der kirchlichen Autorität zuzuschreiben ist.[275] Nicht also die Rechtfertigung des Zinsverbotes stand im Mittelpunkt der scholastischen Analyse, sondern die Bewerkstelligung einer rationalen und wissenschaftlich fundierten Beweisführung der von der Kirche vorab aufgestellten Behauptungen. Die einzelnen Ausführungen der vernunftbasierten Zinsablehnung der Scholastiker lassen sich in vier Argumentsstrukturen gliedern: *Eigentumsargument, Verbrauchsargument, Unfruchtbarkeitsargument* und *Zeitargument*, wobei die ersten drei Argumente sich gegenseitig bedingen und prinzipiell als eine Einheit zu betrachten sind.[276] Allem voran ist hier das Eigentumsargument von Interesse, denn wie oben dargelegt, bildet das Eigentum, ökonomisch betrachtet, erst die Institution, die das Zinsnehmen möglich macht. Dabei wird das Privateigentum von den Scholastikern zwar einstimmig verteidigt, aber als Argument eben nicht *für*, sondern *gegen* den

---

war ein Familienname geworden; später, noch reicher geworden, nannte man ihn „Herr Martin"; und als er einer der Reichsten ward, hieß man ihn „gnädiger Herr Martin". Vom Wucher aufgebläht war er endlich der erste unter allen Reichen geworden, und alle nannten ihn „Eurer Gnaden" und verehrten ihn als ihren Herren."

274) Vgl. Le Goff, 1988, S. 24.

275) Im einzelnen waren dies: 1. Wucher ist alles, was über die geliehene Sache hinaus zurückgefordert wurde; 2. Die Tätigkeit des Wuchers war gemäß dem Alten und Neuen Testament eine Sünde; 3. Alleine die Hoffnung auf einen über das Geliehene hinausgehenden Gewinn war sündig; 4. Wer gewuchert hat, war dem wahren Besitzer zur Wiedergutmachung verpflichtet; 5. Auch höhere Preise bei Kreditverkäufen galten als verdeckter Wucher; vgl. Nooan, 1957, S.20; Le Goff, 1988, S.24.

276) Vgl. Langholm, 1984, S.69-70.

Zins herangezogen.[277]

Das *Eigentumsargument* basiert insbesondere auf der von Thomas von Aquin (1225 –1274) entworfenen Kategorisierung des Geldes als einer *vertretbaren Sache*, bei welcher der Schuldner diese nicht in stofflich identischen Einheiten zurückerstattet, sondern lediglich nach Maß, Zahl und Gewicht zurückgibt. Dieses Gut ist so gesehen ein Verbrauchsgut. Der Unterschied zwischen reinen Verbrauchsgütern wie zum Beispiel Wein und Geld besteht lediglich darin, dass das Geld im Tauschvorgang und nicht durch direkten Konsum verbraucht wird. Die Verwendung von Geld im Tausch bedingt eine Übertragung des Eigentums, womit es aus der Sicht des Gebers verloren geht. Dies impliziert, dass die Substanz des Geldes nicht vom Gebrauch (Nutzung)[278] desselben getrennt werden kann. Im Gegensatz zu Gebrauchsgütern ist es hier also nicht möglich, den Gebrauch separat von der Sache selbst zu verkaufen, weil ein vom Gegenstand getrennter Gebrauch nicht existiert. Wer also jemandem die Nutzung einer verbrauchbaren Sache übertragen will, muss die Sache selbst übertragen. Von diesem Punkt aus war es nur ein kleiner Schritt zu der Einsicht, dass die Überlassung vertretbarer Güter weniger ein *Darlehen* als ein *Verkauf* ist. Weil bei einer vertretbaren Sache der Gegenstand des Darlehens in das Eigentum des Ausleihers übergeht, steht es dem Geber nicht zu, für den Gebrauch (anders im Falle von Miete oder Pacht, die keine Verbrauchsgüter darstellen) einer Sache, die ihm gar nicht mehr gehört, eine Bezahlung zu fordern. Und da zudem die aristotelische Gerechtigkeit im Tauschverkehr die Gleichheit zwischen Käufer und Verkäufer verlangt, war es auch selbstverständlich, dass bei Geld nur die Rückzahlung einer wertmäßig gleichen Summe und darüberhinaus nicht mehr verlangt werden durfte. Es ging den scholastischen Moralisten folglich um den gerechten Preis einer Ware. Zusätzlich, so die Erweiterung des Arguments, wurde mit der Eigentumsübertragung auch das *Risiko* eines Verlustes dieses Gegenstandes auf den Schuldner übertragen.[279] Diese Einsicht war nicht unbedeutend, denn die Risikolosigkeit auf Seiten des Gläubigers deckt sich mit der modernen Definition vom Zins als eine vom wirtschaftlichen Ergebnis der Kapitalüberlassung unabhängige, sichere und perio-

277) Vgl. Braun, 1994, S.45-46.

278) Auch hier ist eine deutliche Nähe zu der oben dargestellten modernen Nutzungstheorie zu bemerken, welche anders als die Scholastiker dem Geld (Kapital) eine *Nutzung* zur Seite stellt, um den Zins zu rechtfertigen. Sachenrechtlich argumentiert hat Geld nur in einem besonderen Falle Nutzwert, wenn eine Münze zum Beispiel als Ausstellungsstück verwendet wird. Ob aber diese konkrete Münze dann noch als Geld im eigentlichen Sinne definiert werden kann, ist fraglich.

279) Vgl. Braun, 1994, S.47-55; Dewes, 1976, S.37-43; Eichhoff, 2006, S.60-61.

disch zufließende Zahlung.[280]

Das *Unfruchtbarkeitsargument* beruht auf der bereits zitierten Passage des Aristoteles (*Politik*, 1258 a 38 – b 7) und erfreute sich in der Scholastik großer Beweiskraft. Die rein physisch-biologische Auslegung des Argumentes war nicht die Intention dieser Passage, was zuletzt dadurch bekräftigt wird, dass Aristoteles an keiner Stelle ausdrücklich sagt, dass Geld unfruchtbar sei. Die Unfruchtbarkeit des Geldes wurde von den Scholastikern auch dahingehend interpretiert, dass der produzierte Mehrwert einer Unternehmung alleine auf der menschlichen Arbeit basiert. Der zum Beispiel von einem Handwerker realisierte Profit aus einem gewinnbringend verwendeten Darlehen ist nur auf die darauf angewendete Arbeit zurückzuführen. Zwar ist das Geld ein notwendiges Instrument, womit der Fleiß oder Unternehmergeist Profit erwirtschaften kann, doch was produktiv war und den Gewinn erzeugte, war allein die darauf angewendete menschliche Arbeit. Diese Arbeit war für die Scholastiker die *causa aktiva* und somit auch die *causa principalis* des Gewinns.[281] Aus diesem Grund hatte der Darlehensnehmer auch das Anrecht auf den ganzen von ihm erarbeiteten Gewinn.[282] Würde der Schuldner ein Mehr zurückerstatten müssen, wäre dies als Ausbeutung seiner Arbeit und somit als Ungerechtigkeit zu werten. Ohne ins Detail gehen zu müssen, ist die Deckungsgleichheit dieser Argumentation mit der Marxschen Ausbeutungstheorie offensichtlich.

Dass Geld sich nicht fortpflanzen kann (*Nummus non parit nummos*),[283] resultierte für die Scholastiker somit aus der Annahme, dass das Geld einerseits ein Konsumgut ist, welches an sich keinen Gebrauchs- oder Nutzwert hat und andererseits der mittels des Geldes entstandene Gewinn ausschließlich auf der menschlichen Arbeit fußt. Mit wachsenden Investitionsmöglichkeiten und mit steigendem Kapitalbedarf mochten die vorgestellten Argumente der Scholastiker jedoch immer weniger überzeugen. Die ausschlaggebende Wandlung vollzog sich sehr früh und wurde erstmals vom Juristen Charles du Moulin (1500-1566) geäußert. Seiner Ansicht nach war der Zweck des Geldes nicht in seiner Tauschmittelfunktion, also in seiner Konsumierbarkeit, ausgeschöpft, sondern

280) Die Zahlungsunfähigkeit des Schuldners wird von den frühen Scholastikern nicht in Betracht gezogen. Dies ist insofern sekundär, als dass die Bonität eines Schuldners schon damals durch sein Eigentum, welches im Falle einer Insolvenz pfändbar war, gedeckt wurde. Die Idee, dass das vermeintliche Insolvenzrisiko auf Gläubigerseite vergütet werden musste, wurde erst von Juan Medina (1419-1516) postuliert. Zu dieser Zeit war aber die scholastische Wucherlehre schon auf dem Rückzug; vgl. Nooan, 1957, S.280-286.

281) Vgl. Le Goff, 1988, S.43-45; Braun, 1994, S.60.

282) Vgl. Braun, 1984, S.60; Langholm, 1984, S.95.

283) Vgl. Le Goff, 1989, S.28.

bestand allem voran in der *Nutzung* der damit erworbenen Güter.[284] Diese erweiterte Auffassung des Geldbegriffes besiegelte das Schicksal der scholastischen Zinskritik im ausgehenden 16. Jahrhundert. Geld wurde zu Kapital und dieses zu einem (möglichen) Gewinn. Gleichzeitig wurde damit die bis dahin implizit vorgenommene scholastische Unterscheidung zwischen *Darlehnszins* und *Kapitalertrag* weitgehend verwischt oder sogar völlig irrelevant.[285] Wie sich diese mangelnde Begriffsdifferenzierung auf die modernen Zinstheorien auswirkte, wurde oben dargestellt. Die Tatsache, dass sich mit Kapital ein Mehrwert erwirtschaften lässt, rückte zunehmend in den Vordergrund der Analyse; ob der Schuldner diesen Kapitalertrag auch erwirtschaftet, stand nicht zur Debatte. Allein die durch die Kapitalproduktivität gegebene *Möglichkeit* eines Mehrertrages war genug, um Zinsen verlangen zu können.

Der letzte hier zu behandelnde Beweisgrund der Scholastik *gegen* den Zins ist das *Zeitargument*. Bemerkenswert ist vorab, dass dieselbe Dimension *Zeit* in der heutigen neoklassischen Theorie des Zinses die Variable darstellt, die, entgegengesetzt zu Scholastik, *für* die Rechtfertigung der Zinsnahme herangezogen wird.[286] Der Ausgangspunkt, der zur Einbeziehung der Zeit in die Argumentation führte, war der Kreditkauf und die Frage, ob dabei ein höherer Preis gerechtfertigt sei oder nicht. Da bei dieser Transaktion keine Eigentumsübertragung der Sache an den Schuldner stattfindet, konnten die vorherigen Argumente nicht greifen. Die Ungerechtigkeit eines höheren Preises bei Kreditkäufen wurde versucht wie folgt zu begründen: Der einzige Unterschied zwischen Barkäufen und Kreditkäufen ist, dass bei Letzteren die Leistungsströme zeitlich auseinanderfallen; im Übrigen gilt aber, dass sich sowohl bei der einen wie auch bei der anderen Art von Kauf die Leistung und die Gegenleistung entsprechen müssen. Werden nun Waren auf Kredit zu einem höheren Preis verkauft, kann es sich folglich nur um den „Verkauf" der dazwischenliegenden Zeit handeln. In der Abstinenztheorie und in einem Teil der Neoklassik wird im Kern eben das *verkauft*, die *individuelle* Wartezeit. Die Scholastiker dagegen sahen in der Zeit ein Geschenk Gottes, also ein gemeinschaftliches oder öffentliches respektive *kollektives* Gut,[287] welches

284) Vgl. Braun, 1994, S.62.

285) Vgl. Gordon, Barry: *Economic Analysis before Adam Smith*. 1975, S.161.

286) Vgl. Braun, 2001, S.462.

287) Wenn man die Zeit als ein *öffentliches* Gut betrachtet, kann nicht behauptet werden, dass das Zeitargument ein theologisches ist. Der Unterschied zu rein öffentlichen Gütern wie *Freiheit* oder *Luft* liegt nur im Abstraktionsgrad, nicht in der Sache selbst. Auch die Kriterien der Nicht-Rivalität und der Nicht-Ausschließbarkeit werden von dem – zugegeben abstrakten - Gut *Zeit* erfüllt.

allen in gleicher Weise gehöre und somit nicht der individuellen Bereicherung dienen könne.[288] Wer für Zeit einen Preis verlangt, entwendet diese seinem Mitmenschen und ist folglich ein *Zeitdieb*.[289] Dieser Vorwurf des Zeitdiebstahls, so Le Goff, fällt in eine Phase der Menschheitsgeschichte, in der soziokulturelle Werte und Normen im Begriff waren sich zu verändern und die Menschen damit begonnen haben, sich ehemals göttliche Vorrechte anzueignen und der Bereich der göttlichen Monopolstellung erste Erosionserscheinungen offenbarte.[290] Wenn indes die Existenz Gottes aus diesem Zeitargument weggedacht wird, zeigt sich sein eigentlicher Kern. Indem statt auf *meine* Zeit auf *unsere*, also statt auf individuelle auf kollektive Güter hingewiesen wird, wurde damit der Wunsch zum Ausdruck gebracht die Menschen wieder zu *kollektivieren* und für den Gegenüber und seinen Zustand sensibilisieren zu wollen.

In einer anderen, analytischeren und sehr überzeugenden Form findet sich das *Zeitargument* schon im Judentum. Der babylonische Amoräer R. Nahman bar Jaqob (ges. 320) formulierte dies folgendermaßen: „Die Regel beim Zins ist: Jeder Lohn für ein Warten ist verboten."[291] Dieses Warten ist jedoch nicht mit Zeit*verlust* zu verwechseln, der als Schaden gilt und deshalb restituierbar ist. Doch die Forderung nach der Unentgeltlichkeit eines Darlehens wurde durch diese Formel in überzeugender Weise begründet:

> Denn wenn ich ‚warte', so liegt darin die Voraussetzung, daß ich eigentlich nicht (zu) warten brauche, mein Warten also ein freiwilliger Akt meiner Gefälligkeit oder Wohltätigkeit ist.[292]

Obwohl keiner der Scholastiker dies so zu formulieren vermochte, war ihre Intention wohl dieselbe und lief letztlich darauf hinaus, dass es niemandem möglich sein sollte, mit Müßiggang Geld zu verdienen, vor allem dann nicht, wenn er nicht auf Gewinn angewiesen ist.

288) Vgl. Braun, 1994, S.62-64; Langholm, 1984, S.115.

289) Der Wert des Geldes war für die Scholastiker lange Zeit eine stabile, von der Natur und den Marktkräften nicht beeinflussbare Größe. Bei Gütern, von denen angenommen wurde, dass sie Preisschwankungen unterlagen und dadurch ein Wertzuwachs erwartet werden konnte, war es erlaubt, bei einem Kreditkauf einen höheren Preis zu fordern. Vgl. Braun, 1994, S.65-68.

290) Vgl. Le Goff, 1986, S.42.

291) Zit. aus Klingenberg, 1977, S.86.

292) Cohn, 1905; zitiert aus Klingenberg, 1977, S.86.

5.2.4. Die Gerechtigkeit im Tausch oder das Ende des Zinsverbotes

Der Ironie des Daseins ist es wohl zuzuschreiben, dass ausgerechnet die Passage des Aristoteles, die sich auf die Gerechtigkeit im Tausch bezog, den Impuls zur Abwendung vom Zinsverbot herbeiführte. Für Aristoteles war die Gerechtigkeit im Tausch eine Gleichheit und diese Gleichheit impliziert natürlich sowohl die Anliegen des Schuldners wie auch des Gläubigers.[293] Falls ein aus altruistischen Motiven handelnder Kreditgeber infolge eines Darlehens irgendwie schlechter gestellt wird, so verlangt die Gerechtigkeit auch hier eine entsprechende Entschädigung. Diese als *extrinsische* Zins- oder Entschädigungsansprüche bezeichneten Instrumente werden den Leihzins im heutigen Sinne erst mit der Zeit legitimieren. Dabei handelt es sich um die Fälle des *damnum emergens*, also einem durch Darlehensgewährung eingetretenen Schaden, und des *lucrum cessans*, bei dem es sich um die Geltendmachung eines entgangenen Profits handelt,[294] welche im Laufe der Zeit zum eigentlichen Leihzins im modernen Sinne wurden. Dazu musste erst der äußerst wichtige Punkt überwunden werden, dass solche Kompensationszahlungen nicht schon zu Beginn des Darlehens vereinbart werden durften, sondern in jedem einzelnen Fall nach dem Ablauf der Darlehensfrist erst ein Anspruch auf Wiedergutmachung nachgewiesen werden musste. Vorgängig vereinbarte Entschädigungsforderungen wurden bis Mitte des 13. Jahrhunderts von keinem der führenden Scholastiker akzeptiert. Im Falle des *dammum emergens* dauerte es bis zum 15. Jahrhundert, im Falle des *lucrum cessans* sogar noch länger, bis vorab vereinbarte Zahlungen anerkannt wurden.[295] Dabei bildete des *lucrum censsans* lange Zeit das Zentrum der Auseinandersetzung. Da Geld von den Scholastikern nur als Instrument für den Gewinn, die Arbeit aber als die tatsächliche sine qua non-Bedingung des Profits angesehen wurde, konnte im Falle des *lucrum censsans* nur dahingehend argumentiert werden, dass dem Gläubiger bei der Darlehensgewährung die Möglichkeit entzogen wurde, seine Arbeit auf das Geld anzuwenden.[296] Doch auch hier stellte sich die Frage, ob dies schon ausreichend war, um Ansprüche bei Darlehensbeginn festzumachen. Bedingt durch

293) „True equivalence, then, would mean that the exchanging parties profit equally: this would be the ideal realisation of Aristotelian justice in exchange", Langholm, 1984, S.46. Auf die Ähnlichkeit mit dem jüdischen Instrument der *isqua* oder, modern gesprochen, mit dem Modell der Gewinn- und Verlustbeteiligung wurde schon oben verwiesen.

294) Der zeitgemäße Ausdruck hierfür lautet *Opportunitätskosten*. Vgl. Fisher, 1932, S.148-152.

295) Vgl. Braun, 1994, S.71-73.

296) Vgl. Le Goff, 1988, S.76; Braun, 1994, S. 76.

die damals eingeschränkten wirtschaftlichen Aktivitäten und daher knappen Investitionsmöglichkeiten folgte die Einschätzung, dass die Wahrscheinlichkeit eines entgangenen Gewinns einfach zu klein war, um bei Darlehensverträgen schon vorab Zinszahlungen zu vereinbaren. So gesehen befand sich die Scholastik in einer Zeit, die ökonomisch gesehen (quasi) statisch war. Erst im Laufe der folgenden Jahrhunderte fanden aufgrund zunehmender profitabler Investitionsmöglichkeiten solche im Voraus getroffenen Kompensationszahlungen, also der heutige Zins, graduell Anerkennung.[297] Die Fallunterscheidung, ob beim Gläubiger wirklich Schaden oder Opportunitätskosten entstanden sind, wurde mit der Zeit gänzlich aufgegeben. Dass der Schuldner durch das Darlehen einen Gewinn erwirtschaften *konnte*, war zwar immer implizit mitgedacht, aber nie explizit ausformuliert und somit nicht im Fokus der Analyse angelangt.

Neben dieser ökonomischen Determinante bot das Mittelalter auch eine religiöse ‚Neuerung', die dem Zinsnehmen komplementär Vorschub leistete: das *Fegefeuer*. Bis zum 12. Jahrhundert herrschte diesbezüglich noch ein ausgeprägter Dualismus von Gut oder Böse, Paradies oder Hölle, womit derjenige, der gegen das Wort Gottes gesündigt hatte, ewige Qualen nach seinem Tod zu erwarten hatte. Doch Anfang des 13. Jahrhunderts beginnt die Kirche das Sündenmaß zu differenzieren und der Wucherer wird, falls er einsichtig am Lebensende seine *ungerechte* Reichtumsaneignung bereut, oder seine Frau für ihn das unrecht erworbene Geld spendet, auf den neuen jenseitigen Ort, das Fegefeuer, verwiesen. Mit der Eintrittskarte in das Fegefeuer war aber schon die Fahrkarte ins Paradies mitgebucht, denn nach einer gewissen Zeit der Läuterung gab es daraus nur einen Ausgang und zwar Richtung Himmel.[298] Die Angst, ewige Qualen erleiden zu müssen wich zunehmend der Überzeugung, nur temporär für die unerlaubte Zinsnahme bestraft zu werden.

Ab hier beginnt nun die dritte Phase der ethischen Evolution des Westens zu gedeihen, das „Universal Otherhood", in dem die Devise gilt: „all men are *brothers* in being equally *others*."[299] Ökonomisch betrachtet war das der Anstoß dessen, was wir heute *freier* Markt nennen. Der Unterschied zwischen diesem freien Markt und dem zuvor herrschenden ökonomischen Verständnis und somit der Unterschied zweier grundsätzlicher *Denkmodelle* kann am besten durch die beiden nachfolgenden Zitate festgehalten werden. Das erste Zitat Polanyis beschreibt das vormarktliche Verständnis ökonomischer Handlungen, welches

297) Vgl. Braun, 1994, S. 83-87.
298) Vgl. Le Goff, 1988, S.68-81.
299) Nelson, 1969, S.XVI.

sowohl in Stammesgesellschaften als auch in vom Judentum und Christentum intendierten Beziehungsgeflechten Wirkung hat(te):

> In der Kategorie der Tauschgeschäfte, denen eine der Gabe ökonomisch gleichwertige Gegengabe zugrunde liegt, begegnen wir einer weiteren verwirrenden Tatsache. Es handelt sich um jene Kategorie, die sich - unseren Begriffen nach - praktisch mit dem Handel decken müsste. Doch dem ist nicht so. Gelegentlich vollzieht sich der Tausch durch das Hin und Her ein und desselben Objekts zwischen den Tauschpartnern, wodurch dem Tauschgeschäft jeder nur denkbare ökonomische Sinn und Zweck genommen wird! Durch die einfache Tatsache, dass das Schwein – wenngleich über Umwege – zu dem zurückkehrt, der es in den Tausch gab, erweist sich der Äquivalententausch, anstatt der ökonomischen Rationalität zu folgen, als Garantie gegen das Eindringen von Nützlichkeitserwägungen. Das einzige Ziel dieses Tausches ist die Festigung des Beziehungsgeflechts durch die Stärkung reziproker Bindung.[300]

Im Gegensatz dazu wird der *freie* Markt von Weber wie folgt charakterisiert:

> [Wo der freie Markt] seiner Eigengesetzlichkeit überlassen ist, kennt er nur das Ansehen der Sache, kein Ansehen der Person, keine Brüderlichkeits- und Pietätspflichten, keine der urwüchsigen, von den persönlichen Gemeinschaften getragenen menschlichen Beziehungen. Eine solche absolute Versachlichung wiederstrebt, wie namentlich Sombart wiederholt in oft glänzender Form betont hat, allen urwüchsigen Strukturformen menschlicher Beziehungen. Der ‚freie', d.h. der durch ethische Normen nicht gebundene Markt mit seiner Ausnutzung der Interessenskonstellation und Monopollage und seinem Feilschen gilt jeder Ethik als unter Brüdern verworfen. Der freie Markt ist in vollem Gegensatz zu allen anderen Vergemeinschaftungen, die immer persönliche Verbrüderung und meißt Blutsverwandtschaften voraussetzen, jeder Verbrüderung in der Wurzel fremd.[301]

Die Demarkationslinie zwischen einem Für und Wider hinsichtlich des (freien) Zinsnehmens ist somit deckungsgleich mit der Grenze zwischen einem auf Reziprozität basierenden Kollektivismus und einem auf Freiheit gegründeten Individualismus.

---

300) Polanyi/Arensberg: *Tade and Market in the Early Empires.* Zit. aus Le Goff, 1988, S.17.
301) Weber: *Wirtschaft I.* Zit. aus Tyrell, 1997, S.209.

6. Zusammenfassende Bewertung

Es ist offensichtlich, dass die Analyse des Phänomens *Zins* viel mehr ist als die Untersuchung eines rein ökonomischen Instruments. Die Implikationen dieses Sachverhaltes zielen auf die grundlegende soziologische Thematik des Menschen.

Beginnend mit den ökonomischen Theorien des Zinses, welche ab dem 18. Jahrhundert den Diskurs über das Thema leiteten, wurden erstens ihre Schwächen präsentiert, um darauffolgend den Versuch einer Systematisierung ihrer Argumente zu unternehmen. Vordergründig sind dabei zwei Aspekte auffällig geworden: Erstens führte die Gleichsetzung der Begriffe *Kapitalzins* und *Darlehenszins* zur Ausklammerung der sozialen Interaktion der Wirtschaftssubjekte und somit zur größten Schwäche der besagten Theorien, welche in der Annahme besteht, dass bei einem Darlehen der Schuldner das Kapital investiert und daraus einen Mehrwert erwirtschaftet, aus dem er Zinsen an den Gläubiger zu zahlen hat. Dieser rein technische Ansatz widersprach allerdings der ökonomischen Wirklichkeit, denn schon alleine die Definition des Zinses als vom wirtschaftlichen Erfolg *unabhängige* periodische Zahlung stand im Kontrast zu der Annahme einer Mehrwert erschaffenden Investition. Deshalb wurden auf moralisch-ethischer Ebene „Argumente" bemüht, um zu rechtfertigen, warum der Gläubiger dennoch einen Anspruch auf den Zins hat. Die Lage des Schuldners wurde nur am Rande in Betracht gezogen. So konnte mit Hilfe dieser Theorien – die Neoklassik inbegriffen – nicht zur Ursache und auch nicht zur Quelle des Zinses vorgedrungen werden. Diese offenbarten sich erst, als grundlegende Gesellschaftsformen und ihre Übergänge beachtet wurden, welche im Kapitel über das Eigentum die nötige Aufmerksamkeit erfuhren. Es stellte sich heraus, dass ökonomisch gesehen der Zins erst mit der Entstehung des Eigentums zustande kam, denn nur durch das Eigentum des Schuldners war dem Gläubiger die Sicherheit des Kapitalrückflusses und der Zinserstattung gegeben. Allerdings stellte sich das Eigentum zwar als die ökonomische Quelle des Zinses, nicht aber als die Ursache des Phänomens heraus. Diese hat einen tiefgreifenden gesellschaftlichen und mithin moralisch–ethischen Hintergrund: Es ist die Abkehr von dem auf reziproker Hilfsbereitschaft fußenden Kollektivismus und die daraus resultierende Entstehung des freien Individuums. Hier kam das Instrument des Zinses in die Welt. Zins bot die Möglichkeit, in einer konkurrenzgeprägten Umwelt sein Eigentum zu vergrößern und somit seine eigene Existenz zu sichern. Bezüglich der Entstehung des Zinses wurde festgehalten, dass die *Freiheit des*

Individuums, der *Zwang zur individuellen Existenzsicherung* (Ursache) und die *Exklusivität der Rechtlichkeit* über das Eigentum (Quelle) gemeinsam die Prämissen darstellen, welche zusammen zu dem Phänomen der Zinsnahme führen. Vor diesem Hintergrund waren die Erörterungen der Zinsverbote zu lesen, denn sowohl das Judentum als auch das Christentum (und der hier nicht einbezogene Islam) waren immerzu bestrebt, das kollektivistische reziproke Ideal einer Stammesgesellschaft zu konservieren. Obwohl heute Parolen wie *Brüderlichkeit* und *Nächstenliebe* plattitüd klingen, waren und sind diese immer noch das eigentliche Programm der Religionen.

Die Analyse der Zins*kritik* brachte eine wichtige Erkenntnis: Zu keiner Zeit, das heißt weder in der Antike durch Platon und Aristoteles noch in der langen jüdisch-christlichen Zinsdebatte, wurde in der Praxis der *Zins an sich* verboten und verdammt. Was am Zins abgelehnt und ausgeschlossen wurde, sind die sozioökonomischen Folgen der Eigentumsgesellschaft, die sich in der Reichtumsakkumulation auf der einen und der dadurch bedingten Verarmung auf der anderen Seite manifestieren. Diesen sozioökonomischen Missständen liegt als tiefere Ursache eine bestimmte Art von individualisierten Menschen zugrunde. Es sind diejenigen, die, da kein kollektivistisches Gefühl (mehr) vorhanden, ohne Rücksicht auf ihre Mitmenschen zur unverhältnismäßigen Akkumulation neigen. Das Instrument des Zinses in den Händen solcher Menschen führte in kürzester Zeit zu den vorher unbekannten sozialen Folgen. Dies rückte den Zins in verwerfliches Licht. Doch wurde implizit nie der Zins als *Instrument* abgelehnt, sondern nur die mit dem Instrument vollzogene Handlung: So kann ein Messer sowohl zum Brotschneiden als auch zum Töten verwendet werden. Im ersten Fall, wenn beim Darlehen beachtet wurde, ob der Darlehensnehmer auch wirklich einen Gewinn gemacht hatte, der zu Gunsten beider Parteien aufgeteilt werden konnte, wurde der Zins nie als tadelnswert eingeordnet. Dass diese Fälle jedoch in Relation zur eigensüchtigen Durchsetzung der Individualinteressen selten waren (sind?), ist eher dem moralethischen Status Quo des Menschen zu verdanken, nicht aber einem ökonomischen Instrument *Zins*. Eine weitere interessante Erkenntnis, die die Auseinandersetzung mit den Verboten brachte, war die Ablehnung der lange gehegten Ansicht, dass die Zinsverbote des Judentums, welche die Grundlage der christlichen Verbote bilden, auf die Unkenntnis von Produktivkrediten zurückzuführen sind. Sowohl die unzulängliche Differenzierung der Darlehen in Produktiv- und Konsumtivkredite als auch die ökonomischen Umstände der Zinsverbote führten zur Konklusion, dass die Verbote des Zinses, auf die Ökonomie bezogen, endogenen Charakter hatten und sich nur äußerlich auf ein metaphysisches, theologisches Dogma stützten.

Der Blick auf die Meinung antiker Philosophen zeigte ausnehmende Aktualität. Beide Philosophen verwerfen nicht nur die moralische Komponente der durch Zinsen ermöglichten, ins Unbegrenzte gehenden Akkumulation, sie ahnten zudem schon damals die Notwendigkeit einer Regulierung der aufkommenden Finanzmärkte. Allem voran ist hier Platons Einsicht hervorzuheben, dass die in der laisse faire-Manier agierenden Finanzaktivitäten negative Auswirkungen auf den Staat haben können, dessen Aufgabe es ist, das Allgemeinwohl seiner Bürger zu fördern. Vor dem Hintergrund des aktuellen Zusammenbruchs der Finanzmärkte bekommen Platons über 2000 Jahre alten Einsichten beinahe prophetischen Charakter.

Hinsichtlich des Aufgezeigten kann auf die oft gestellte Frage, ob der Zins abgeschafft werden soll, mit einem eindeutigen Nein geantwortet werden. Ob er allerdings reguliert werden muss, wie es zumindest heute in modernen Gesellschaften der Fall ist, ist eindeutig zu bejahen. Doch damit schützen wir uns nicht vor einer wie auch immer gearteten Entität *Zins*, sondern vor dem, was letztendlich aus einer von Moral und Ethik losgelösten Wirtschaft entstehen kann.

BIBLIOGRAPHIE:

Aristoteles: *Die Nikomachische Ethik*. Übersetzung von Gigon, Olof, München, 2002.

Aristoteles: *Politik*. Übersetzung und Anmerkung Gigon, Olof, München, 1973.

Aristoteles: *Politik*. Übersetzung und Anmerkung von Rolfes, Eugen, Hamburg, 1981.

Binswanger, Hans Christoph / Flotow, Paschen von (Hrsg.): *Geld und Wachstum. Zur Philosophie und Praxis des Geldes*. Stuttgart, Wien, 1994.

Birne, Arthur: *The History and Ethics of Interest*. Edinburgh, 1952.

Blüm, Norbert: *Die Rente war sicher. Dann aber rückten die Finanzkapitalisten an und redeten der Menschheit ein, zocken sei lukrativer als arbeiten*. In: Süddeutsche Zeitung, Außensicht, 25. September 2008.

Böhm-Bawerk, Eugen von: *Geschichte und Kritik der Kapitalzins-Theorien*. Jena, 1921.

Braun, Christian: *Vom Wucherverbot zur Zinsanalyse 1150-1700*. Winterthur, 1994.

Braun, Helmut: *„Interest Taking Survives all Opposition". Eine Skizze ethischer Zinsverbote und deren Überwindung*. In: Mager, Hans-Christian; Schäfer, Henry; Schrüfer, Klaus (Hrsg.): *Private Versicherung und soziale Sicherung. Festschrift zum 60. Geburtstag von Roland Eisen*. Marburg, 2001.

Brodbeck, Karl-Heinz: *Die fragwürdigen Grundlagen der Ökonomie. Eine philosophische Kritik der modernen Wirtschaftswissenschaften*. Darmstadt, 2000.

Brodbeck, Karl-Heinz: *Erfolgsfaktor Kreativität. Die Zukunft unserer Marktwirtschaft*. Darmstadt, 1996.

Brugger, Otto: *Die Fremdkapitalfonds-Zinstheorie*. Bern, 1959.

Buckley, Susan L.: *Teaching on Usury in Judaism, Christianity and Islam*. New York, 2000.

Burri, E. / Schwarz, Fritz: *Der Zins vom Standpunkt der christlichen Ethik der Moral und der Volkswirtschaft*. Bern, 1935.

Choudhury, Masudul Alam: *Money in Islam. A study in Islamic political economy*. London, 1997.

Dewes, Richard: *Das Zinsproblem in der deutschsprachigen Moraltheologie von 1850-1920*. Tübingen, 1976.

Diamond, Jared: *Arm und Reich. Die Schicksale menschlicher Gesellschaften*. Frankfurt am Main, 2005.

Dorfman, Robert: *Die Beziehungen zwischen Fishers „The Rate of Interest" und Böhm-Bawerks „Positive Theorie des Kapitals"*. In: Schefold, Bertram (Hrsg.): *Irving Fishers „The Rate of Interest". Vademecum zu einem Klassiker der Zinstheorie*. Düsseldorf, 1994.

Dreizehnter, Alois (Hrsg.): *Aristoteles` Politik*. München, 1970.

Eichhoff, Isabell: *Religion, Wirtschaft, Ethik. Wirtschaftsethische Aspekte von Judentum, Christentum und Islam*. Saarbrücken, 2006.

Endemann, Wilhelm: *Studien in der romanisch-kanonistischen Wirtschafts- und Rechtslehre*. Band 1, Berlin, 1874.

Fisher, Irving: *Die Zinstheorie*. Jena, 1932.

Franz, Ulrich T.: *Pan-Europa oder der endgültige Untergang des „Römischen Reiches"*. Norderstedt, 2006.

Funk, Franz Xaver: *Geschichte des kirchlichen Zinsverbotes*. Tübingen, 1876.

Funk, Franz Xaver: *Zins und Wucher. Eine moraltheologische Abhandlung*. Tübingen, 1868.

Gabler *Wirtschafts-Lexikon*, Wiesbaden, 1997.

Gordon, Barry: *Economic Analysis before Adam Smith*, New York, 1975.

Grabmann, Martin: *Geschichte der scholastischen Methode*. Band 1, Graz, 1957.

Gronemeyer, Matthias: *Profitstreben als Tugend? Zur Politischen Ökonomie bei Aristoteles*. Marburg, 2007.

Gschnitzer, Fritz: *Griechische Sozialgeschichte. Von der mykenischen bis zum Ausgang der klassischen Zeit*. Wiesbaden, 1981.

Haarmann, Maria (Hrsg.): *Der Islam*. München, 1992.

Hanke-Wehrle, Karl: *Zins und Wucher - kein Thema für die theologische Ethik und Sozialethik der Gegenwart?* In: Heil, Johannes; Wacker, Bernd (Hrsg.): *Shylock? Zinsverbot und Geldverleih in jüdischer und christlicher Tradition*. München, 1997.

Heinsohn, Gunnar: *Geld und Zins*. St. Gallen, 2001.

Heinsohn, Gunnar: *Privateigentum, Patriarchat, Geldwirtschaft. Eine sozialtheoretische Rekonstruktion zur Antike*. Frankfurt am Main, 1984.

Heinsohn, Gunnar / Steiger, Otto: *Eigentum, Zins und Geld. Ungelöste Rätsel der Wirtschaftswissenschaft*. Marburg, 2006.

Heinsohn, Gunnar / Steiger, Otto: *Eigentumstheorie des Wirtschaftens versus Wirtschaftstheorie ohne Eigentum*. Marburg, 2002.

Heinsohn, Gunnar / Steiger, Otto: *Privateigentum und Zins, Bevölkerung und Hexen, Religion und Judenhaß*. Symposion, Universität Bremen, 1990.

Heinsohn, Gunnar / Steiger, Otto: *Warum Zins? Keynes und die Grundlagen einer monetären Werttheorie*. In: Hagemann / Steiger (Hrsg.): *Keynes' General Theory nach fünfzig Jahren*. Berlin, 1988.

Hejcl, Johann: *Das alttestamentliche Zinsverbot im Lichte der ethnologischen Jurisprudenz sowie des altorientalischen Zinswesens*. Freiburg im Breisgau, 1907.

Hesiod: *Werke und Tage*. Ditzingen, 1996.

Hicks, John: *A Theory of Economic History*. New York, 1969.

Hirschman, Albert: *Engagement und Enttäuschung. Über das Schwanken der Bürger zwischen Privatwohl und Gemeinwohl*. Frankfurt am Main, 1988.

Issing, Otmar: *Der Zins und sein moralischer Schatten*, 1993. In: *Der 3. Weg. Zeitschrift für die natürliche Wirtschaftsordnung*. Sonderdruck 3, 1998.

Keynes, John Maynard: *Allgemeine Theorie der Beschäftigung, des Zinses und des Geldes*. Berlin, 2002.

Klengel, Horst: *Hammurapi von Babylon und seine Zeit*. Berlin, 1978.

Klingenberg, Egerhard: *Das israelische Zinsverbot in Torah, Misnah und Talmud*. In: Akademie der Wissenschaften und der Literatur: *Abhandlungen der geistes- und sozialwissenschaftlichen Klasse*. Jahrgang 1977.

Klingenberg, Eberhardt: *Das Zinsrecht in Platons „Nomoi"*. In: Modrzejewski, Joseph; Liebs, Detlef (Hrsg.): *Symposion 1977. Vorträge zur griechischen und hellenistischen Rechtsgeschichte*. Köln, 1982.

Kloft, Mathias Theodor: *Das christliche Zinsverbot*. In: Heil, Johannes; Wacker, Bernd (Hrsg.): *Shylock? Zinsverbot und Geldverleih in jüdischer und christlicher Tradition*. München, 1997.

Knoll, August M.: *Zins und Gnade*. Berlin, 1967.

Koslowski, Peter: *Ethik des Kapitalismus*. Tübingen, 1986.

Koslowski, Peter: *Zum Verhältnis von Polis und Oikos bei Aristoteles*. Münchener Hochschulschriften, Reihe: Philosophie und Geisteswissenschaften. Straubing und München, 1979.

Koslowski, Peter / Priddat Birger P. (Hrsg.): *Ethik des Konsums*. München, 2006.

Kronstein, Rudolf: *Kleine Geschichte der Zinstheorie*. Wien, 1951.

Künzli, Arnold: *Mein und Dein. Zur Ideengeschichte der Eigentumsfeindschaft*. Köln, 1986.

Langholm, Odd: *The Aristotelian Analysis of Usury*. Bergen, 1984.

Laum, Bernhard: *Viehgeld und Viehkapital in den asiatisch-afrikanischen Hirtenkulturen*. Tübingen, 1965.

Le Goff, Jacques: *Wucherzins und Höllenqualen. Ökonomie und Religion im Mittelalter*. Stuttgart, 1988.

Locke, John: *Über die Regierung*. Stuttgart, 1974.

Lohlker, Rüdiger: *Das islamische Recht im Wandel. Riba, Zins und Wucher in Vergangenheit und Gegenwart*. Münster, 1999.

Lohlker, Rüdiger: *Schari'a und Moderne. Diskussionen zum Schwangerschaftsabbruch, zur Versicherung und zum Zinswesen*. Stuttgart, 1996.

Lutz, Friedrich: *Zinstheorie*. Zürich, Tübingen, 1967.

Marks, Karl: *Kapital. Kritika političke ekonomije*. Beograd, 1958.

Marx, Karl: *Das Kapital. Kurzfassung aller drei Bände*. Berlin, 2005.

Meyers Grosses Taschenlexikon in 25 Bänden. Mannheim, 2001.

Mrozek, Stanisław: *Faenus. Studien zu Zinsproblemen zur Zeit des Prinzipats.* Stuttgart, 2001.

Muhs, Karl: *Begriff und Funktion des Kapitals. Kritik und Versuch einer Neubegründung der Kapital- und Zinstheorie.* Jena, 1919.

Müller, David Heinrich von: *Die Gesetze Hammurabis und ihr Verhältnis zur mosaischen Gesetzgebung sowie zu den XII Tafeln.* Amsterdam, 1903 (1975).

Nelson, Benjamin: *The Idea of Usury.* Chicago, 1969.

Neumann, Manfred: *Die Zeitpräferenzrate bei Irving Fischer und ihre Bedeutung für die moderne Theorie.* In: Schefold, Bertram (Hrsg.): *Irving Fishers „The Rate of Interest". Vademecum zu einem Klassiker der Zinstheorie.* Düsseldorf, 1994.

Nöll von der Nahmer, Robert: *Der Zins ist nicht notwendig, seine Aufhebung aber trotz dessen nicht zweckmäßig.* Wiesbaden, 1947.

Noonan, John T. Jr.: *The Scholastic Analysis of Usury.* London, 1957.

Paul, Axel T.: *Die Gesellschaft des Geldes. Entwurf einer monetären Theorie der Moderne.* Wiesbaden, 2004.

Pick, Walter: *Die Zinstheorie Silvio Gesells.* Marburg, 1930.

Platon: Werke: *Nomoi, Buch IV-VII, Übersetzung und Kommentar von Schöpsdau,* Klaus, Göttingen, 2003.

Platon: *Sämtliche Werke. Band 2, Übersetzung von Schleiermacher, Friedrich,* Reinbek bei Hamburg, 2000.

Ramp, Ernst: *Das Zinsproblem. Eine historische Untersuchung.* Zürich, 1949.

Ramp, Ernst: *Die Stellung von Luther, Zwingli und Calvin zur Zinsfrage.* Zürich, 1949.

Rousseau, Jean-Jacques: *Abhandlung von dem Ursprung der Ungleichheit unter den Menschen. 1756.* Neu herausgegeben mit einer Einführung und Erläuterungen von Goldenbaum, Ursula, Weimar, 2000.

Samuelson, Paul A.: *Zwei Klassiker in heutiger Sicht: Böhm-Bawerks „Positive Theorie" und Fishers „The Rate of Interest".* In: Schefold, Bertram (Hrsg.): *Irving Fishers „The Rate of Interest". Vademecum zu einem Klassiker der Zinstheorie.* Düsseldorf, 1994.

Schefold, Bertram: *Platon und Aristoteles.* In: Starbatty, Joachim (Hrsg.): *Klassiker des ökonomischen Denkens I.* München, 1989.

Schinziger, Francesca: *Ansätze ökonomischen Denkens von der Antike bis zur Reformationszeit.* Darmstadt, 1977.

Seibt, Gustav: *Wir Schuldenmacher. Leben im Rot: Wie der Kapitalismus seine Ehrbarkeit verlor.* In: Süddeutsche Zeitung, Feuilleton, 23. September 2008.

Senf, Bernd: *Der Nebel um das Geld.* Kiel, 2005.

Shakespeare, William: *Der Kaufmann von Venedig.* Deutsch von Rudolf Scheller, Berlin, 1982.

Shellens, Max Salomon: *Die Beurteilung des Geldgeschäftes durch Aristoteles.* In: *Archiv für Rechts- und Sozialphilosophie. Band XL,* Laun, Rudolf; Viehweg, Theodor (Hrsg.): Würzburg, 1952/53.

Siems, Harald: *Handel und Wucher im Spiegel frühmittelalterlicher Rechtsquellen.* Hannover, 1992.

Smith, Adam: *Theorie der ethischen Gefühle.* Übersetzung und Anmerkung von Eckstein, Walther (Hrsg.), Hamburg, 1994.

Sombard, Werner: *Der Bourgeois. Zur Geistesgeschichte des Modernen Wirtschaftsmenschen.* Reinbek, 1988.

Süddeutsche Zeitung: *Interview mit Peter Zwegat*, 12. September 2008.

Süddeutsche Zeitung von 27. Februar 2008.

Tyrell, Hartmann: *Werner Sombart und Max Weber: Kapitalismus, Zins und Religion. Ein Rückblick.* In: Heil, Johannes; Wacker, Bernd (Hrsg.): *Shylock? Zinsverbot und Geldverleih in jüdischer und christlicher Tradition.* München, 1997.

The Loebs Classical Library: *Plato VI, Republic II.* 1935

[Ufuk, Ucum: *Wirtschaftsethik im Christentum und Islam.* Frankfurt am Main, 1998. Anmerkung: Das erste Kapitel, S. 32-61, dieses Buches hat sich als ein Plagiat der Arbeit von Braun, Christian: *Vom Wucherverbot zur Zinsanalyse 1150-1700.* Winterthur, 1994, herausgestellt.

Ulrich, Hans: *Das Zinsnehmen in der christlichen Ethik – Historische und gegenwärtige Perspektiven.* In: Vollkommer, Max (Hrsg.): *Der Zins in Recht, Wirtschaft und Ethik.* Erlangen, 1989.

Ünsalan, Ayhan: *Das Zinsproblem im türkischen Recht.* Berlin, 1961.

Vepy, Franz von: *Das Zinsproblem in der deutschen Literatur der ersten Hälfte des XIX. Jahrhunderts.* Bern, 1935.

Vollkommer, Max: *Zinsfreiheit und rechtliche Kontrolle der Zinshöhe.* In: Vollkommer, Max (Hrsg.): *Der Zins in Recht, Wirtschaft und Ethik.* Erlangen, 1989.

Waldmann, Helmut: *Das Zinsverbot in Antike und Christentum. Vortrag vom 13. Juni 2004 vor dem Forschungsseminar des Instituts für Alte Geschichte*, Universität Tübingen, bisher unveröffentlicht (http://tobias-lib.ub.uni-tuebingen.de/volltexte/2005/1669/).

Weber, Max: *Die protestantische Ethik und der Geist des Kapitalismus.* Oldenburg, 2006.

Weber, Max: *Gesammelte Aufsätze zur Religionssoziologie. Band 3*, Tübingen, 1971.

Weischedel, Wilhelm: *Die philosophische Hintertreppe*. München, 1997.

Werner, Klaus: *Das israelitische Zinsverbot. Seine Grundlagen in Torah, Mischnah und Talmud.* In: Heil, Johannes; Wacker, Bernd (Hrsg.): *Shylock? Zinsverbot und Geldverleih in jüdischer und christlicher Tradition*. München, 1997.

Zehentbauer, Franz: *Das Zinsproblem nach Moral und Recht*. Wien, 1920.

Zweig, Jason: *Gier. Neuroökonomie: Wie wir ticken, wenn es ums Geld geht.* München, 2007.

Zeitfracht Medien GmbH
Ferdinand-Jühlke-Straße 7
99095 Erfurt, Deutschland
produktsicherheit@kolibri360.de